内定者はこう選んだ！

業界選び・仕事選び
自己分析
自己PR【完全版】

坂本直文　著

はじめに

■「仕事を知る」と、「自分のウリ」が的確に分析できる！

　私は 20 年にわたり、80 以上の大学で就職指導を行い、多くの内定者の自己分析を見てきました。内定者が共通して実行しているのは「まず仕事を知ってから、自分の何がウリになるかを分析すること」です。本書を使うと、内定者の自己分析が短時間で効率的にできます。

■ 本書の 4 つの特長

①適職がわかる！

　自分に合った「魅力的な仕事（業界・職種・業務）」がわかります。人生を楽しく充実させるための視野がイッキに広がり、やる気も高まります。

②仕事に役立つ能力・知識・経験がわかる！

　仕事（業界・職種・業務）によって面接官がどんな能力・知識・経験を求めているかを丁寧に解説。企業目線の自己分析が簡単にできます。

③自分の価値観を確認できる！

　どんな仕事を選ぶかで人生は大きく変わります。自分が大切にしたいこと、心底やりたいことを確認することで、後悔のない就職活動ができます。

④受かる自己 PR が短時間で作れる！

　やりたい仕事にぴったりマッチした、論理的で説得力のある自己 PR が短時間で作れます。自分でも気づいていなかった長所がわかります。

■ 2 つの効果的な使い方

【急いで自己 PR を作りたい人】（所要時間：合計 50 分程度）

　最初に「自己 PR ボキャブラ 200」（210 ページ〜）にチェックを入れる作業をしてください。20 分程度で大量の自己 PR が作れます。次に「長所発見自己分析（142 ページ〜）の「行動特性 30」から、自分が特にウリにしたいものを 5 つ選んで解説を読み、シートにチェックを入れてください。30 分程度で自己 PR の軸を固めることができます。

【時間に余裕がある人】

　第 1 部から順番に読み、作業を適宜行ってください。第 1 部→第 2 部→第 3 部と進むにしたがって、トップクラスの内定力が培われます。※書き込みの作業は全て行わなくて構いません。興味や必要を感じた箇所だけで充分です。

坂本直文

Contents

就職活動のはじめに

自分はどんな仕事に就きたいのか ……………………………… 10

第1部 適職分析、自分に合った業界選び・仕事選び

自分に合った業界を選ぶ ……………………………… 14

金　融
- 損害保険・生命保険 ……………………………… 16
- 銀行 ……………………………………………… 17
- 証券 ……………………………………………… 18
- コンサルティング ……………………………… 19

商　社
- 総合商社 ………………………………………… 20
- 専門商社 ………………………………………… 21

マスコミ
- 広告・放送 ……………………………………… 22
- 新聞・出版 ……………………………………… 23

IT・情報関連
- 情報処理サービス ……………………………… 24
- 通信 ……………………………………………… 25
- インターネットビジネス ……………………… 26

メーカー
- 食品・飲料 ……………………………………… 27
- 薬品・医療機器 ………………………………… 28
- 化粧品・家庭用品 ……………………………… 29
- アパレル ………………………………………… 30
- 素材（繊維・化学） …………………………… 31
- 素材（鉄鋼・非鉄金属） ……………………… 32

- 素材（紙・パルプ） ……………………………………… 33
- 自動車 …………………………………………………… 34
- AV・家電 ………………………………………………… 35
- OA・精密機器 …………………………………………… 36
- 重機・建設機械・工作機械 …………………………… 37

小売・サービス
- スーパー ………………………………………………… 38
- 百貨店 …………………………………………………… 39
- 専門店・量販店 ………………………………………… 40
- 通信販売 ………………………………………………… 41
- 外食 ……………………………………………………… 42

人　材
- 教育 ……………………………………………………… 43
- 就職支援・人材派遣 …………………………………… 44
- 福祉・医療 ……………………………………………… 45

レジャー・エンターテインメント
- 音楽・映画 ……………………………………………… 46
- ゲーム・玩具 …………………………………………… 47
- ホテル …………………………………………………… 48
- ブライダル ……………………………………………… 49
- 旅行・レジャー ………………………………………… 50

エネルギー・インフラ
- 交通・運輸 ……………………………………………… 51
- 建設・不動産・住宅 …………………………………… 52
- 石油・電気・ガス ……………………………………… 53

自分に合った仕事を選ぶ …………………………… 54

- 営業（販売系） ………………………………………… 56
- 営業（コンサルティング系） ………………………… 58
- 営業（技術系） ………………………………………… 60
- 事務（経理・財務） …………………………………… 62

5

Contents

- 事務（秘書・営業事務） ……………………………… 64
- 事務（総務・人事） …………………………………… 66
- 企画（経営企画） ……………………………………… 68
- 企画（商品企画） ……………………………………… 70
- 広報（広報・宣伝） …………………………………… 72
- 技術（研究・開発） …………………………………… 74
- 技術（製造・品質管理） ……………………………… 76
- サービス（接客・販売） ……………………………… 78
- 制作（ディレクター） ………………………………… 80
- 制作（文章系） ………………………………………… 82
- 制作（デザイン系） …………………………………… 84
- 情報（SE・プログラマー） ………………………… 86
- 情報（システムコンサルタント） …………………… 88
- 教育（講師・インストラクター） …………………… 90
- 専門（バイヤー） ……………………………………… 92
- 専門（証券アナリスト・ファンドマネジャー） …… 94
- 専門（ディーラー・トレーダー） …………………… 96
- 公務員（事務職〔行政職〕・技術職） ……………… 98
- 公務員（専門職） ……………………………………… 100

企業研究の行い方

どのように行えばよいか ……………………………………… 102

店舗見学・会社見学の行い方 ………………………………… 104

OB・OG訪問の行い方 ……………………………………… 106

企業を選ぶ条件を整理する …………………………………… 108

COLUMN 上級者向け！ Yahoo! ファイナンスの使い方 …………… 110

第2部 自己分析を行う

自己分析を始める前に

自己分析とは何か …………………………………………… 112

自己分析を最大限活用するためには ………………………… 114

サクセスライフ自己分析①未来設計自己分析 …………… 116
価値観の優先順位をつける …………………………………… 118
未来設計自己分析シートの書き方と利用のしかた ………… 122
内定者はこう書いた！ 未来設計自己分析シート　実例①／実例② ……… 124
自分で書いてみよう　未来設計自己分析シート …………… 128

サクセスライフ自己分析②根っこ探し自己分析 ………… 130
内定者はこう書いた！ 根っこ探し自己分析シート　実例①／実例② …… 132
自分で書いてみよう　根っこ探し自己分析シート　①／②／③ ………… 136

サクセスライフ自己分析③長所発見自己分析 …………… 142
- 行動特性01 体力（健康、健康管理）…………………… 144
- 行動特性02 忍耐力（ストレス耐性）…………………… 146
- 行動特性03 継続力（持久力）…………………………… 148
- 行動特性04 協調性（チームワーク能力、素直）……… 150
- 行動特性05 向上心（学習意欲、克服力、自己啓発力・自己研鑽力）… 152
- 行動特性06 度胸 ………………………………………… 154
- 行動特性07 目標達成力 ………………………………… 156
- 行動特性08 適応力 ……………………………………… 158
- 行動特性09 規律順守力（服務規律、マナー、モラル、コンプライアンス）… 160
- 行動特性10 コミュニケーション能力 ………………… 162
- 行動特性11 積極性（主体性、チャレンジ精神、改善意欲、変革意欲）… 164
- 行動特性12 責任感 ……………………………………… 166
- 行動特性13 問題認識力（問題発見力、気づき、直観力）………… 168
- 行動特性14 情報収集力（状況把握力、情報整理力）………… 170
- 行動特性15 プラス思考力（メンタルコントロール）………… 172
- 行動特性16 創造力（新規開発力、創意・工夫力、発想力）…… 174
- 行動特性17 文章力 ……………………………………… 176
- 行動特性18 プレゼン力（伝達力、説得力、説明力）………… 178
- 行動特性19 交渉力（折衝力、渉外力）………………… 180
- 行動特性20 ピンチ対処力 ……………………………… 182
- 行動特性21 論理的思考力 ……………………………… 184
- 行動特性22 計数感覚（数的思考力、コスト意識）………… 186
- 行動特性23 先見力（リスクマネジメント、自己投資）…… 188

Contents

- 行動特性 24 企画力 ……………………………… 190
- 行動特性 25 マネジメント力 ……………………… 192
- 行動特性 26 リーダーシップ力 …………………… 194
- 行動特性 27 人脈創造力（コネクション）………… 196
- 行動特性 28 専門知識・専門技術力 ……………… 198
- 行動特性 29 経験値力（実務経験、インターンシップ、就業経験）…… 200
- 行動特性 30 奉仕精神（サービス精神、社会貢献）………… 202

サクセスライフ自己分析④他己分析 ………………… 204

内定者はこう書いた！　　自己分析チェックシート　実例 ……… 206

人に評価してもらおう　　他己分析チェックシート ……………… 208

自己PR が簡単に作れる！自己PR ボキャブラ 200 ……… 210

第3部　自分の長所を最大限アピールできる 志望動機・自己PR 実例

企業・仕事研究・自己分析から自己PR・志望動機を作る …… 216

- 内定者の志望動機・自己PR ①営業（販売系）…………… 218
- 内定者の志望動機・自己PR ②営業（コンサルティング系）… 220
- 内定者の志望動機・自己PR ③事務（経理・財務）………… 222
- 内定者の志望動機・自己PR ④事務（秘書・営業事務）…… 224
- 内定者の志望動機・自己PR ⑤事務（総務・人事）………… 226
- 内定者の志望動機・自己PR ⑥企画（商品企画）………… 228
- 内定者の志望動機・自己PR ⑦技術（研究・開発）………… 230
- 内定者の志望動機・自己PR ⑧サービス（接客・販売）…… 232
- 内定者の志望動機・自己PR ⑨制作（ディレクター）……… 234
- 内定者の志望動機・自己PR ⑩情報（SE・プログラマー）… 236

COLUMN 世界一の BtoB 企業リスト ……………………… 238

志望企業探しの参考になるように、第1部P16～P53のページ下に各業界の【高シェア企業】を付記しました。P14、P15、P110で解説したヤフーファイナンスや業界地図本を活用すると、こういった優良企業・有望企業が他にも多数見つかります。

※「株式会社」等、企業形態の記載は省略し、一部では略称を用いているものもあります。
※社名等は変更になる場合があります。

就職活動の
はじめに

なぜ、就職するのか？　どう就職活動すればよいのか？
就職活動を始める前に、
就職に対する心構えと目的が理解できる。

自分はどんな仕事に就きたいのか

■ 就職活動の最大の目的は、やりがいを感じる仕事に就くこと

就職活動とは人生を飛躍させる大チャンスです。今までの自分をリセットし、新たな人生を築くことができます。学生という小さな世界の殻を破って、社会を舞台に人生を楽しむことができます。ただし、それには自分がやりがいを持てる仕事に就く必要があります。もし自分のやりたくない仕事を何十年もすることになってしまったら…。想像しただけでも恐ろしいことです。

就職活動の最大の目的は「やりがいを感じる仕事に就くこと」です。企業研究も自己分析も、この目的を達成するために行うものです。

■ 仕事には、「7つの楽しみ」がある

仕事とは、本来、非常に楽しいものです。自分がやりがいを感じる仕事に就ければ、次の7つの楽しみが得られます。

①働く楽しみ ▶（働くこと自体が楽しい）

②稼ぐ楽しみ ▶（お金が稼げて楽しい）

③使う楽しみ ▶（稼いだお金を自分の好きなことに使えて楽しい）

④余暇の楽しみ ▶（生活が安定し、プライベートも充実できて楽しい）

⑤成長の楽しみ ▶（自分が成長したり、夢が実現できて楽しい）

⑥世の中と関わる楽しみ ▶（世の中の動きと密接に関わり合えて楽しい）

⑦社会貢献の楽しみ ▶（自分の仕事が社会貢献に役立って楽しい）

これらの中で、特に強調しておきたいのは、①働く楽しみです。私たちは、1日の大半の時間を仕事に費やします。それが楽しくなければ、その他のことが楽しくても、長続きはしないのです。

■ 有名企業ならばやりがいを感じる仕事がある、とは限らない

就職活動の当初には、とかく有名企業や大企業、あるいは売上や利益の順位に目が行ってしまい、これらを志望順位の指標にしがちです。しかし、有名企業、大企業だからといって、やりがいを感じる仕事があるとは限りません。有名なだけで志望企業にしてしまうと、入社して仕事に就いてから後悔することになります。これは、相手の収入だけしか見ないで結婚してしまうのと同じな

● 自分はどんな仕事に就きたいのか

のです。

　後悔しないためにも、志望企業を決める際は、どんな仕事をするのかも、あらかじめ調べておくことが大切です。

■ 知らない仕事（企業）は選びようがない

　自分が知らない仕事（企業）は、それがどんなにすばらしい仕事（企業）であっても、選びようがありません。せっかくの選択のチャンスをむだにすることになり、それは非常にもったいないことです。

　ですから、自分に最適な進路を考えるうえで、次の3点を研究することがとても重要です。

> ①どんな業界があるのか
> ②どんな企業があるのか
> ③どんな仕事があるのか

　以下、これらの効果的な研究方法を説明します。

■ 判断力をつけ、視野を広げ、企業をリストアップする

　まずは、本書の第1部を読んでください。各業界・各仕事の情報をわかりやすく整理し、解説しています。1、2時間後には、各業界・各仕事の特徴が頭に入っているだけでなく、自分がその業界や仕事に向いているかどうかの判断力も養われているはずです。

　この判断力が身についたら、次は業界研究書や『会社四季報』、インターネットの就職情報サイトなどを使って視野を広げていきます。企業をなるべく多くチェックしていき、自分に合っているかどうかを判断して、リストアップしていきます。100～200社程度リストアップしたら、それぞれに優先順位をつけ、エントリーしたり、会社説明会に出席していきましょう。

■ 内定獲得3つの秘訣

　次の3つの質問を自分の心に問いかけてみてください。

　質問1 「自分はどんな仕事にやりがいを感じるのか？」
　質問2 「自分はどんな企業に就職するとよいのか？」
　質問3 「自分のどんな資質・経験が仕事で活かせるのか？」

各業界・各仕事に対する判断力がつき、企業に対する視野が広がったところで自己分析を行うと、この3つの質問に自信を持って答えられるようになります。そして、受験の際には、エントリーシートでも面接でも、志望動機と自己PRが自信を持って伝えられるようになります。

すると、面接官は目的意識の明確さと熱意の強さを感じ、内定を出してくれるのです。内定獲得の秘訣は非常にシンプル。これら3つの質問に明確に答えられるかどうかです。

■ 内定者は、志望動機と自己PRが密接につながっている

内定者のエントリーシートや面接内容を分析すると、志望動機と自己PRが密接につながっていることがわかります。つまり、志望動機（＝その企業でやりたい仕事）にぴったり合った自己PR（やりたい仕事に何らかの形で役立つ資質・経験）を述べているのです。これができていると、発言全体に論理的な整合性が感じられ、説得力が非常に高くなります。

本書の第3部では仕事別の志望動機と自己PRを掲載しているので、説得力のある志望動機や自己PRとはどのようなものか参照してください。

まずは企業研究・自己分析を通して、自分の就職活動の核を決めていくことから始めましょう。

企業研究のポイントはココ！

1 企業のWebサイトで、株主・投資家向け（IR）情報を読む
（特に、社長のメッセージ、経営理念、経営計画、アニュアルレポートが重要）

2 Yahoo! ファイナンスや業界地図本を読む

3 新聞やビジネス誌の過去の記事を検索して読む
（図書館の過去記事検索サービスが便利）

4 OB・OG訪問で、社員から仕事のやりがいや大変なことを聞く

第1部

適職分析、自分に合った業界選び・仕事選び

自分にはどんな業界・仕事が合っている？
自分の適職・適性を踏まえてこそ、
受かる自己分析ができる。

自分に合った業界を選ぶ

スマートフォンやPCで手軽にできる業界研究

「Yahoo! ファイナンス」を利用した業界研究のしかた

※利用料は無料

1 キーワード検索で、関連企業をリストアップ

【図1】

STEP 1
【図1】のAで示した検索バーに志望企業名や業界名、商品名などのキーワードを入力。

ここでは例として、「ブライダル」「結婚」「ウェディング」で検索してみます。

【図2】

すると、ブライダルを本業とする企業に加えて、ブライダルの写真、ジュエリー、婚活イベントなど、ブライダルに関連するさまざまな企業がリストアップされます。【図2】

STEP 2
リストアップされた企業を一通りチェックし、興味のある企業をタップ。

志望する企業や業界に関連する上場企業がすべてリストアップされるため、さまざまな企業を知ることができます。

● 自分にあった業界を選ぶ

❷業種検索で、企業の視野を広げる

【図3】

STEP 1
【図1】のBをタップ。プルダウンメニューが出てきます。

STEP 2
プルダウンメニューをスクロールして、「業種から探す」をタップ。

STEP 3
【図3】から、興味のある業種と、あえて興味のない業種もタップ。

興味がわいた企業があれば、企業のWebサイトや就職情報サイトで、採用情報をチェックしましょう。

企業の売り上げや利益の分析方法については、110ページを参照してください。

業界地図本を利用した業界研究のしかた

業界地図本を活用すると、1時間程度の短時間で100業界以上に視野が広がり、日本経済を支える主要業界をもれなく押さえられます。

STEP 1
「企業順位」「企業説明」「業界説明」をななめ読みしましょう。

STEP 2
興味がわいた業界と、志望業界の関連業界にふせんを貼りましょう。

地元企業や中小企業を受ける方も、その企業が所属する「業界説明」を読むと、志望理由の作成に役立ちます。

※業界地図本に掲載されているのは、各業界の上位企業のみです。Yahoo!ファイナンスでは各業界の全上場企業を知ることができるので、併用することをおすすめします。

金融 損害保険・生命保険

第三分野商品をキーワードに商品開発と販路開拓で勝負

● 保険会社の業務

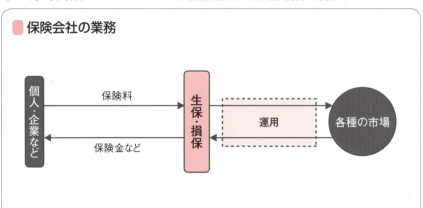

👀 インターネット専業生保が台頭するなど競争が激化

　個人や法人と契約を結んで保険料を受け取り、死亡時や入院時などに保険金を支払うのが生命保険（生保）。一方、契約者が災害や事故などにあったとき、その損害に対して保険金を支払うのが損害保険（損保）です。

　保険業界にも金融自由化の波は押し寄せており、生保と損保の相互乗り入れ、保険料率の自由化、異業種や外資系企業からの参入などが進み、本格的な自由競争の時代に突入しました。各社は提携や合併を推し進めると同時に、インターネットでのダイレクト販売や新しい保険商品の開発に力を入れ、さらにはここ数年、保険料を低く抑えることができるインターネット専用生保が台頭して勢力を伸ばすなど、厳しい市場での生き残りをかけています。

　注目されているのは、第一分野の生保商品と第二分野の損保商品の中間に位置する疾病、障害、介護、所得保障などの「第三分野商品」で、各社の成長のカギを握る分野とされています。

✓ 自分に合った業務はあるか？

☐ **ファンドマネジャー**　資産を株式や債券に投資して、その運用益を稼ぐ仕事。市場を読む分析力や先見性が求められる。
☐ **アクチュアリー**　確率論や統計学などの数理的手法を活用し、保険料や掛け金の適正額を算出する専門職。
☐ **営業**　個人や法人に対して、最適な保険商品を提案・販売していく。

【高シェア企業】日本生命、住友生命、第一生命、明治安田生命、三井住友海上プライマリー生命、かんぽ生命、東京海上日動火災、損害保険ジャパン、三井住友海上火災

● 自分にあった業界を選ぶ〜金融

海外戦略を強化するメガバンク、地域密着を進める地域金融機関

■ 銀行の種類

普通銀行
- **都市銀行**：海外を含め各地に支店を持ち全国規模で営業を展開している銀行。
- **地方銀行**：本店が地方にあり、その都道府県内を主な営業基盤としている。
- **第二地方銀行**：1989年に相互銀行から転換して普通銀行となった。

- **信託銀行**：財産の所有者から信託を受け、その財産の管理・運用を行う。
- **信用金庫**
- **信用組合**：協同組織による金融機関。

※一般に「銀行」という場合、普通銀行を指す

総合金融サービスの担い手として経済の活性化に取り組む

　大手都市銀行は世界でも有数の規模を誇る巨大金融グループ（メガバンク）を形成。単なる銀行の集合体から、証券会社や信託銀行とのネットワークを強化した総合金融機関へと変貌し、企業への資金融資や為替業務、金融商品の提供などはもちろん、企業の株式公開やM&Aをサポートする投資銀行業務にも力を入れています。また、海外企業の買収によってグローバル市場への進出を加速する動きもあり、盛んに海外企業を買収するメガバンクもあります。

　一方、特定のエリアや顧客層をターゲットとする地方銀行、信用金庫、信用組合などは、地元企業の育成や地域経済の活性化への取り組みを強化し、得意分野に特化した動きを明確にしています。

　とはいえ銀行は、日本銀行が2016年2月から開始した「マイナス金利政策」によって、利ざやを得にくい状況。低金利時代はしばらく続くとみられています。また、IT系企業が決済サービスなどに進出し、大きな脅威となっています。

✓ 自分に合った業務はあるか？

- □ **窓口業務（テラー）** 新規口座の開設や預金の受付を行う。投資信託や保険商品などの窓口販売も行い、より専門的な金融商品の知識も求められている。
- □ **為替業務（ディーラー・トレーダー）** 円とドルなどの為替取引をするディーリングルームで、外国通貨や債券を売買する。
- □ **貸付業務** 融資先の経営状態や将来性を見極め、融資する。

【高シェア企業】三菱UFJFG、みずほFG、三井住友FG、三井住友トラスト・ホールディングス、りそなホールディングス、ゆうちょ銀行、イオン銀行、住信SBIネット銀行

第1部　適職分析、自分に合った業界選び・仕事選び

17

ネット証券が存在感を発揮。銀行との競争も激化

■ 直接金融と間接金融

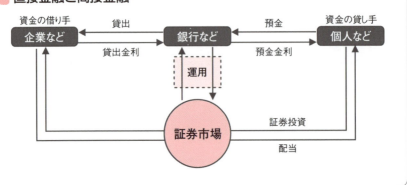

環境整備が進み、個人投資市場の活性化が期待される

　株取引の仲介役を担うのが証券会社です。最も大きな収益源だった「株式売買委託手数料」が1999年に完全自由化され、さらに証券業務が免許制から登録制に緩和されたことで、銀行などの異業種や外資系企業が続々と新規参入。競争激化の時代を迎えました。大手証券会社は、従来型の取次業務に加え、銀行業界と同様に「投資銀行業務」に注力するなど、新たな収益源の確保に積極的です。

　一方、個人向け営業を主力とする準大手証券各社は、不動産投資信託（REIT）といった各種金融商品を増やす戦略で顧客確保に動いていますが、店舗を持たないインターネット専業証券が、手数料の安さを武器に個人客を獲得。取引口座数を大きく伸ばしています。

　政府は「資産所得倍増プラン」を策定。2024年から個人向けの少額投資非課税制度（NISA）や個人型確定拠出年金（iDeCo）を改正するなど個人の投資環境整備を進めており、銀行や生損保との顧客獲得競争はさらに激化しそうです。

✓ 自分に合った業務はあるか？

- □アナリスト　資産運用の現場などで指針とするデータを、調査・分析・評価するスペシャリスト。
- □ファイナンシャルプランナー　消費者のニーズやライフスタイルに合わせ、最適な金融商品を企画・提案する営業職。幅広い金融知識や企画力が求められる。
- □トレーダー　世界の金融市場で活躍する、金融のスペシャリスト。

【高シェア企業】野村證券、大和証券、SMBC日興証券

● 自分にあった業界を選ぶ〜金融

金融　コンサルティング

企業の課題は多様化・複雑化し、コンサルティング市場は拡大

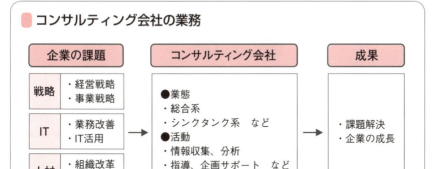

コンサルティング会社の業務

企業の多様化する課題解決を通し、今後の成長が期待できる

　企業や団体などの機関に対して課題解決のサポートをするのがコンサルティング会社の仕事です。企業は自社だけでは解決が困難な課題を抱え、グローバル化やデジタル化の進展は、課題をさらに複雑にしています。コンサルティング会社には多様なテーマを解決するための専門知識と経験があり、ノウハウを持ったコンサルタントが企業への指導や企画・提案を通して、課題解決へと導いていきます。

　一般的にコンサルティング会社が解決するテーマは、「経営・事業戦略」、「業務・IT」、「組織・人事」などがあり、これらのテーマに幅広く対応する「総合系」、金融機関を親会社に持つ「シンクタンク系」のほか、ITや人事、M&Aなど特定分野、医療など特定業界に特化した会社もあります。

　企業を取り巻く環境は日々変化し、コンサルティング市場もテーマの広がりとともに拡大していることから、今後の成長が期待できる業界です。

✓ 自分に合った業務はあるか？

☐ プロジェクトマネジャー　プロジェクト全体の責任を持つ。プロジェクトの管理、クライアントとの折衝、予算管理などを行う。
☐ コンサルタント　クライアントへの徹底したヒアリングとアナリストの分析から仮説を立て、検証しながら解決策を導き出し、サポートする。
☐ アナリスト　課題に関連するあらゆる情報を収集する。

【高シェア企業】アクセンチュア、アビームコンサルティング、ボストン コンサルティング グループ、デロイト トーマツ コンサルティング、マッキンゼー・アンド・カンパニー

総合商社

資金力と情報力を駆使して、多彩な顔の事業を展開

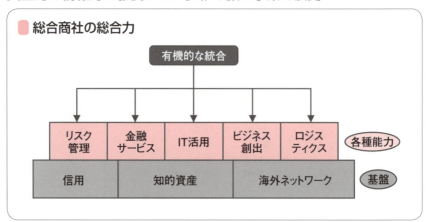

総合商社 ＝ 物資の調達・仲介役の図式は崩壊。多彩な事業領域へ

「ラーメンからミサイルまで」のたとえどおり多彩な商材を扱っている総合商社では、「各事業分野の上位3社以外は生き残れない」ともいわれ、幅広さより自社の強みを見極めて経営資源を集中させ、個性化しながら競争力をつけていく動きが目立っています。

豊富な資金力と情報力を駆使し、プラントの輸出、土地や資源の開発といった大規模な国際プロジェクトをリードしているほか、インターネットを活用し企業同士の取引を支援するe-マーケットプレイスや、コンビニエンスストアと組んで消費者とネットショップを結びつけるEC（電子商取引）事業などにも参入するなど、新しいフィールドへの挑戦も顕著です。

他企業や資源開発に投資し配当を得るビジネスにも力を入れてきました。しかし、世界的な「脱炭素」の流れを反映し、総合商社では保有していた鉱山権益を売却して環境ビジネスにシフトする動きが見られます。

✓自分に合った業務はあるか？

- ☐ **海外駐在員** 海外に駐在し、現地の優れた製品やメーカーを発掘。取引交渉や買いつけに加え、製品開発に関わることもある。
- ☐ **貿易事務** 輸出入時の船舶や航空便の手配のほか、通関手続きや関税の申告など、貿易関連業務全般を担当する。
- ☐ **エンジニア** 営業と連携し、技術関連製品の提案や導入のサポートを行う。

【高シェア企業】三菱商事、伊藤忠商事、三井物産、住友商事、丸紅、双日、豊田通商

● 自分にあった業界を選ぶ〜商社

商社 専門商社

各分野に特化し、専門性ときめ細やかな対応力で勝負する

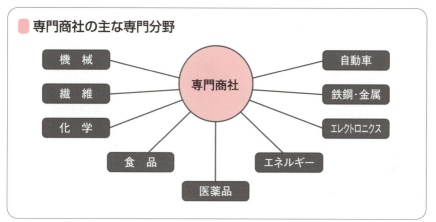

専門商社の主な専門分野：機械、繊維、化学、食品、医薬品、エネルギー、エレクトロニクス、鉄鋼・金属、自動車

総合商社とは対照的に事業提携で「複合専門商社化」を推進中

　鉄鋼・金属、機械、繊維、エレクトロニクス、食品、医薬品など特定分野の商材を扱うのが専門商社です。「得意分野の選択と資本の集中」を進め個性化を図る総合商社とは対照的に、もともと特定の事業分野に強みを持つ専門商社は、事業提携などでビジネスの幅を広げ、「複合専門商社化」を推進することで厳しい競争を勝ち抜こうとしています。

　また、生き残りをかけた合併・事業統合・再編も進めており、業界地図も大きく変わろうとしています。外資系との連携や代理店契約で活路を見出したり、東南アジアなどでビジネス拡大を目指していく商社も少なくありません。

　完成した製品ではなく、技術情報を扱う技術商社もあり、最新の技術情報を商材として提供するほか、保有する技術をベースにした製品開発やカスタマイズを手がけ、それを顧客企業に提供することで収益を上げています。

✓ 自分に合った業務はあるか？

□ **海外駐在員**　海外に駐在し、現地の優れた製品やメーカーを発掘。取引交渉や買いつけ、製品開発に関わることもある。

□ **技術営業**　技術関連製品の提案や導入のサポートを担当するほか、技術商社には、基礎研究、製品開発、システムエンジニアといった技術系職種もある。

【高シェア企業】メタルワン、日鉄物産、三菱食品、日本アクセス、長瀬産業

第1部　適職分析、自分に合った業界選び・仕事選び

広告・放送

情報・通信・放送の一体化で巨大なメディア産業に

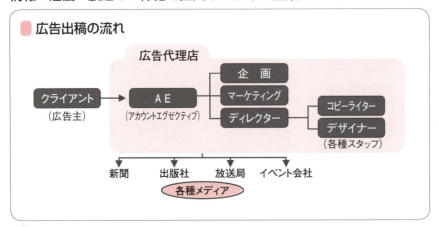

■ 広告出稿の流れ

コンテンツが多様化する中で番組・放送の姿勢が問われる

　広告主（スポンサー、クライアント）の依頼を受け、テレビCMや雑誌などの広告メディアを通して広告制作しているのが広告代理店であり、広告プロダクションです。トータルな広告戦略の策定や仲介役としての役割を果たす代理店に対し、プロダクションはクリエイター集団として実際の制作を担います。近年、インターネット広告が著しい成長を遂げ、複数のメディアやSNSを使って効果的な宣伝を行うなど、手法も多様化が進んでいます。

　地上波テレビ局やラジオ局のほか、BS局やCS局、CATV局など、多チャンネル時代を迎えている放送業界。各社ともコンテンツの強化に力を入れ、とくに民放キー局では映画事業など関連事業を拡大して経営の多角化を図っています。そうした中で番組・放送に対する視聴者などからの指摘も顕在化。BPO（放送倫理・番組向上機構）には毎月多くの意見が寄せられています。コンテンツが多様化する中で番組制作に対する姿勢が問われています。

✓ 自分に合った業務はあるか？

- □ ディレクター　制作現場のリーダー役。広告業界では文章担当のコピーライターやデザイン担当のデザイナーなどのスタッフに、放送業界では出演者やさまざまな制作スタッフなどに指示を出しながら現場をまとめていく。
- □ 営業　広告主に媒体や番組の趣旨を説明し、広告やCM枠を販売する。
- □ プロデューサー　番組の企画や出演者の決定権を持つ、制作現場の最高責任者。

【高シェア企業】電通グループ、博報堂、ADKホールディングス、日本テレビ放送網、テレビ朝日

● 自分にあった業界を選ぶ〜マスコミ

マスコミ 新聞・出版

低迷打破へ向けメディアミックスや企画力で勝負

■ 新聞社のビジネスモデル

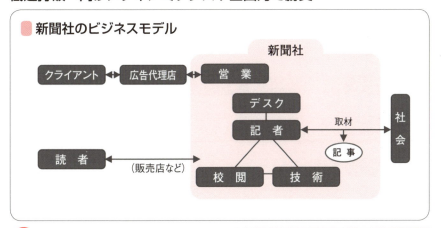

ネット配信強化の新聞業界。出版業界は一発逆転を模索

　新聞には、読売・朝日・毎日の３大全国紙や経済に強い日本経済新聞、特定地域に根ざしているブロック紙・地方紙、業界情報に特化した日経産業新聞のような専門紙、さらにスポーツ紙と夕刊紙などがあります。

　発行部数の飽和とインターネットに代表される新ニュース媒体の登場で、いずれも厳しい経営環境にさらされているのが現実です。テレビ、広告、インターネットなどを交えたメディアミックス戦略や、より速報性の高いネット配信（電子版）に重点が置かれつつあります。

　出版業界も、インターネットや携帯サイトでの情報入手や、中古本の販売、レンタル本といった新しい流通形態の影響などを受け、苦況が続いています。その陰で、アップル社のiPadを起爆剤に、各社から電子書籍端末が発売され、電子書籍の普及に勢いが出ています。今後は優秀なコンテンツを発掘し、育成・編集する能力がカギを握っているといえます。

✓ 自分に合った業務はあるか？

- □記者　国内外の事件や時事を取材し、記事を書く。
- □Web編集者　Webサイトや携帯サイトにニュースを配信する。
- □編集者　出版社や編集プロダクションで、書籍や雑誌を企画・制作する。作家・著者に執筆を依頼してその支援をしたり、自分でプランニングした企画をライターやデザイナーに発注し、それを取りまとめる。

【高シェア企業】読売新聞、朝日新聞、毎日新聞、KADOKAWA、集英社、講談社、小学館、日本出版販売

第１部　適職分析、自分に合った業界選び・仕事選び

情報処理サービス
IT・情報関連

社内業務の支援システムから新たなサービス創造の時代へ

■ 多様な情報サービス企業の系統

情報サービス業

- **独立系**：特定の会社との資本関係がない企業群
- **メーカー系**：コンピューターメーカーなどの会社が設立した企業群
- **シンクタンク系**：総合研究所などの企業群や、外資系コンサルティング会社など
- **ユーザー系**：コンピューターを使う会社が設立した企業群
  - **サービス系**：鉄道、宅配などの会社が設立した企業群
  - **流通系**：百貨店やスーパーなどが設立した企業群
  - **金融系**：銀行や生保・損保などが設立した企業群
  - **マスコミ系**：新聞社や通信社が設立した企業群

◉ AI技術を活用したソリューションの提供が加速

　IT（インフォメーションテクノロジー）技術による情報関連サービスを展開している企業は独立系のほか、金融や流通の会社が設立したユーザー系、野村総合研究所などのシンクタンク系、メーカー系などさまざまな系統に分かれています。仕事内容も、情報システムの企画から運用までを手がけるSI（システムインテグレーター）事業者、ソフトウェアを開発するソフトハウス、各種計算やデータ入力を取り扱う情報処理サービス会社などで構成されています。これらの企業が手がける官公庁や民間企業の業務効率化に貢献するIT関連システムは、企業活動の根幹に関わるものだけに市場は堅調に推移しています。

　世界ではDX（デジタルトランスフォーメーション）が加速していますが、その推進役となっているのがAI技術です。最近では新しいデータやコンテンツを創造する生成AI技術を使った新しいソリューションの提供が進んでいます。

✓ 自分に合った業務はあるか？

- □ **プログラマー**　SEが設計した仕様書に基づいてプログラムを作る。
- □ **SE（システムエンジニア）**　ユーザーニーズのシステム化をしていく。理系出身者ばかりでなく、文系も数多く活躍している。
- □ **SE（セールスエンジニア）**　ユーザーのビジネス環境をヒアリングし、その職場に最適なコンピューターの導入や開発を提案する技術営業。

【高シェア企業】 富士通、日立製作所、NEC、NTTデータ、伊藤忠テクノソリューションズ、BIPROGY、大塚商会、野村総合研究所、日本IBM、アクセンチュア

● 自分にあった業界を選ぶ～ IT・情報関連

通 信

4つの分野が通信業界を牽引。時代のキーワードはスマートフォン

さまざまな通信サービス提供企業とサービス名

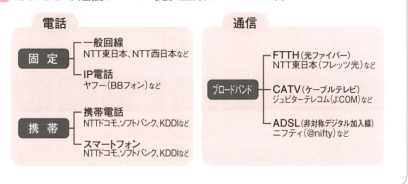

5Gの登場で新たな市場拡大に期待。通信障害への対応が課題

　日本の通信市場は、個人向けブロードバンド（高速大容量）通信、企業向けデータ通信、そしてスマートフォンに大別されます。縮小を続ける固定電話市場を尻目に、この3分野は低価格競争と新サービスの提供で激しい競争を繰り広げています。

　携帯電話市場は、個人認識機能や決済機能の付加、デジタル家電との接続といった多機能化、価格、サービス面でのしのぎ合いで、加入者の争奪が激化しています。通信各社はスマートフォンの販売に力を入れ、新たな料金プランの導入を積極的に進めています。2020年3月からは5G(第5世代移動通信システム)の一般向けサービスが始まり、新たな市場が拡大しています。

　課題は通信の安定性をどう保つか。通信障害は生活や社会インフラに大きな打撃を与えるだけに、毎年のように発生する自然災害などへの対策の徹底が望まれます。

✓ 自分に合った業務はあるか？

- □営業　法人に対しては、専用回線や社内回線網の導入・整備・構築の提案を行う。個人には、電話回線や携帯電話を販売する家電量販店などへの販促企画・販売支援などを行う。
- □電気通信技術者　中継局や発信局の設置や設備設計を行う。
- □ネットワークエンジニア　ネットワークの構築に特化した開発を担う。

【高シェア企業】日本電信電話、ソフトバンク、KDDI、NTTドコモ、NTTデータ、LINEヤフー

25

インターネットビジネス

IT・情報関連

インターネットの利便性を各種サービスと結びつけ発展

■ 多様な情報コンテンツサービス

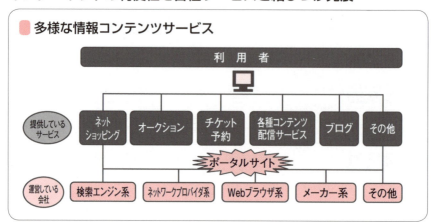

ネット広告作りのプロとして躍進。SNS関連ビジネスも拡大

　インターネットを介したビジネスは、今やあらゆる業界に広がりを見せています。検索エンジンやニュースなどをそろえたインターネットの入り口として機能するポータルサイトでは、広告媒体としての価値を高めるために電子メールやEコマース、オークション、ブログ、動画など幅広いサービスを提供。携帯端末市場向けのサービスの向上や、ユーザーの行動履歴を活用した行動ターゲティング広告などにも力を入れています。

　SNS（Social Networking Service）関連のビジネスも広がりをみせています。この分野は、「Facebook」や「X（旧Twitter）」に代表されるコミュニケーション系SNSと、「GREE」や「Mobage」などのゲーム系SNSとに大別され、登録者を対象とした広告をSNS内に表示することで得られる広告収入や、サイト上で提供するソーシャルゲームのゲーム使用料などで収益を上げています。今後もSNSを利用したビジネスの広がりが加速していきそうです。

✓ 自分に合った業務はあるか？

□ **営業**　広告代理店や法人に対し、インターネット広告を提案したり、法人向け商品を企画・提案・販売したりする。
□ **Webアプリケーションエンジニア**　サイトで提供する各種コンテンツやモバイルサービスなどの設計・開発・運用を担当する。
□ **マーケティング**　各種サービスの市場調査や分析を行う。

【高シェア企業】フェイスブックジャパン、Twitter Japan、グーグル、LINEヤフー

● 自分にあった業界を選ぶ〜 IT・情報関連／メーカー

食品・飲料
メーカー

拡大がしにくい成熟市場。ヒット商品に活路を見出す

■ 食品・飲料業界の扱っている製品

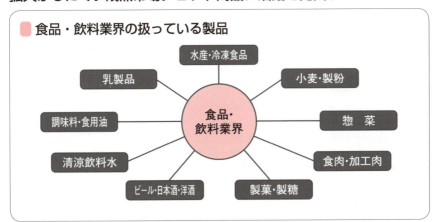

「安全」と「信頼」がキーワード。商品開発が企業力の差に

　人口減少・少子高齢化の流れの中、国内市場の横ばい状態が続いている食品業界。そのため、M&Aを活用した海外進出を推し進める動きも目立っています。また、一時騒がれた表示偽装事件などで「安全」「信頼」という課題も表面化しました。産地からの一貫した品質管理態勢をとると同時に、食品の産地までさかのぼれる「トレーサビリティ」の導入によって、消費者の安心を得るよう努めてもいます。

　飲料業界は、清涼飲料ではお茶や機能性飲料といった健康志向の商品が人気で、なかでも血圧やおなかの調子を整えるなど、特定の保健機能成分を含む「特定保健用食品（トクホ）」の開発・販売に力を入れています。酒類も同様で、アルコール度数ゼロのビール風味飲料についてトクホ表示が認められたことからノンアルコールビールの品ぞろえを充実させるなど開発競争が激化。国内市場の低迷を受け、海外事業の強化も進められています。

✓自分に合った業務はあるか？

- □ 営業　バイヤーや店舗責任者との商談、スーパー・量販店などでの売場作り提案、キャンペーンの企画、販促活動などを通じ、自社商品を販売していく。
- □ マーケティング　消費者ニーズの調査・分析、市場調査などを通じて、効率的な販売システムのベースとなるデータを作っていく。

【高シェア企業】明治、味の素、山崎製パン、アサヒビール、キリンHD、サントリーHD

薬品・医療機器

メーカー

合併・統合による企業体力の拡充を進め、新薬開発に注力

■ 医薬品メーカーの概略

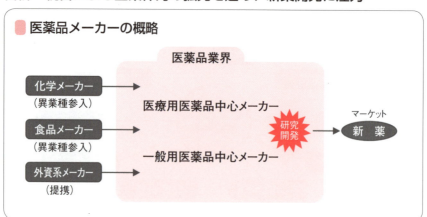

業界内の競争が激化。研究開発力が企業存続・成長のカギを握る

　日本の医薬品市場の売上は世界第8位。医師が処方する医療用医薬品と、薬局で販売される一般用医薬品に分けられ、医療用が全生産高の9割弱を占め、業界を支えています。成長のカギはやはり新薬の開発です。2020年からは新型コロナウイルスワクチンや治療薬の開発が進み、国からの承認を受けて市場に出ているものもあります。

　その一方で、近年はジェネリック医薬品が注目されています。医薬品の特許が切れた後に別の製薬会社が同じ有効成分で作る薬のことで、価格を低く設定できるのが特徴の一つ。日本でも医療費の抑制のため普及が進められています。

　医療機器業界は、医療機器そのものを製造するメーカーと、機器のリースや販売を取り次ぐ会社に分けられます。業界の景気は堅調で、輸出拡大と海外への生産拠点移転が顕著です。共に高齢社会の到来を背景に、存在意義がますます高まっていく業界といえるでしょう。

✓自分に合った業務はあるか？

- □**MR**　医薬情報担当者。医師に医薬品の情報を提供するスペシャリスト。価格交渉や納品業務はMSと呼ばれる営業が担当する。
- □**研究開発**　新薬開発の第一線。一般的にチームを組み、それぞれのテーマに基づいた研究を行う。
- □**サービスエンジニア**　販売した医療機器の保守・メンテナンスを担当する。

【高シェア企業】武田薬品工業、アステラス製薬、第一三共、オリンパス、テルモ、日本光電工業

● 自分にあった業界を選ぶ～メーカー

メーカー 化粧品・家庭用品

アジア圏を中心とした海外市場に積極展開

■ 化粧品業界のいろいろな販売形態

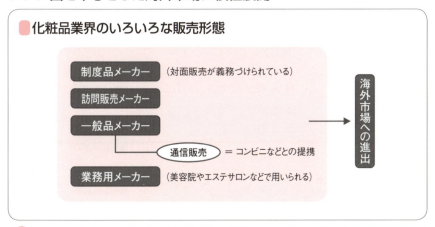

ブランド力とイメージが販売に直結。今後は新興国開拓に注力

　化粧品業界の特色は、国内メーカーと外資系メーカーがブランド力やイメージ戦略を駆使している点です。また、通信販売やコンビニエンスストアやドラッグストアでの販売、美容部員による対面販売などと販売チャネルにもメーカーの個性を反映させて、激しい顧客獲得競争を繰り広げています。さらに、食品や製薬、化学メーカーなどの異業種からの参入も目立っています。こうした国内市場の競争激化、成熟化などに伴い、日本ブランドが人気を集めている中国をはじめ、ASEAN諸国など新興国をマーケットとした販売拡充にも力がそがれ、今後は一段とこうした国や地域での開拓が進みそうです。

　洗剤、シャンプー、防虫剤などの家庭用品業界は価格破壊が進み、成熟市場にあるため、特にブランドイメージが販売に直結してきます。CMによってイメージが大きく左右するため、その戦略が重要であることと、ロングランで販売できるヒット商品の創出が課題とされています。

✓ 自分に合った業務はあるか？

□ 営業　販売店や個人客などを訪問し、自社商品をPR・販売していく。
□ インストラクター　化粧品販売のプロとして、店頭や訪問先で顧客に化粧品の使い方やメイクの方法をアドバイスする。
□ 商品開発　どんな化粧品が求められているかを調査・分析し、ヒットする商品を企画・開発していく仕事。情報に敏感なアンテナが求められる。

【高シェア企業】資生堂、花王、ユニ・チャーム、P&G Japan、日本ロレアル

メーカー アパレル

それぞれの専門分野で独自のブランド展開、販路を開拓

■ アパレル業界の生産・流通の概略

```
                    総合アパレルメーカー
                ┌─────────────────┐      マーケットニーズ
         発注    │  婦人服メーカー   │  ←──────→  ┌─────┐
   ┌────┐ →    │  紳士服メーカー   │             │直営店│ →  ┌──┐
   │中国など│    │  子供服メーカー   │                              │消│
   │(世界の工場)│ │ スポーツ衣料メーカー│          ┌─────┐         │費│
   └────┘ ←    │ カジュアル衣料メーカー│ ──→     │スーパー│ →    │者│
        生産・輸出└─────────────────┘         └─────┘         └──┘
   ┌────┐ →                                ┌─────────┐
   │国内工場│ ←                              │ 専門小売店 │ →
   └────┘                                   └─────────┘
```

● ファストファッション系企業が好調

　アパレルとは、衣料品の製造販売を手がけるメーカーのこと。紳士服、子供服、カジュアル衣料といった専門分野を持っており、それぞれの市場を確立しています。日本の高い品質管理力を人件費の低い中国に移植することで、高品質な衣料を格安で生産するノウハウを構築。郊外型の大型紳士服チェーンや、ユニクロなどの大型カジュアル衣料専門店が急成長しました。

　特に自社ブランドを持ち、商品企画から生産・物流・販売・店舗企画までを自社内で一貫管理し、週単位で売れ筋商品を投入するSPA（アパレル製造小売業）という新しいビジネスモデルを導入するなど、経営効率と収益性アップを図っています。国内市場では、低価格の衣料品を大量生産し短いサイクルで販売するユニクロやH&Mなどのファストファッション系企業が好調です。しかし、生産・販売・廃棄のプロセスで大量のCO_2を排出している点が指摘されていることから、業界全体で2050年までのCO_2排出ゼロを目指しています。

✓ 自分に合った業務はあるか？

☐ **営業**　百貨店、専門店などの顧客をまわり、自社製品のPRと販売を行う。消費者の動向やニーズを情報収集し、製造現場に伝えるのも大切。

☐ **デザイナー**　生地の選択からデザイン、パターン、商品化までにタッチ。自社ブランドの立ち上げにも携わっている。

☐ **広報**　自社ブランドのイメージ戦略や販売促進手法を確立していく。

【高シェア企業】ファーストリテイリング、しまむら、オンワード樫山、ワールド、ワコール、青山商事

● 自分にあった業界を選ぶ〜メーカー

メーカー 素材（繊維・化学）

多分野に活路を見出す繊維。国際戦略を展開する化学

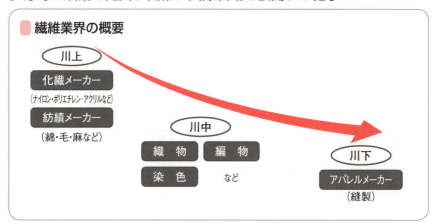
■ 繊維業界の概要

ともに今後の戦略化が明暗を分ける。国際化もキーワード

　繊維メーカーは、石油などを原料とする合成繊維系を扱う化繊メーカーと、綿などの天然繊維系を扱う紡績メーカーに分けられ、さらに用途別に衣料品向けと産業用向けに大別されます。産業用では自動車、インテリア、医療などの分野で用途を広げ、高付加価値の商品開発に努めています。かつては花形産業と呼ばれた繊維業界も、アジアとの低価格競争や為替変動に打撃を受け、多くの大手メーカーでは多角化や非繊維事業への転換を進め、医薬品、住宅、化学、バイオなどの分野で利益創出に努めています。

　プラスチック、合成繊維、医薬品などを生み出している化学業界は、原油価格が生産コストに直結するため、各社がそれぞれの手段や方法で原料調達戦略を組み立てています。また、デジタル家電向け素材が売上の一つのカギとなっており、アジアをはじめ海外での設備投資に力がそそがれています。最近では、環境問題に対応するためプラスチックに代わる素材の開発が急務です。

✓ 自分に合った業務はあるか？

- □研究開発　基礎研究、応用研究、機器開発など研究段階はさまざまで、分野も素材、エレクトロニクス、バイオなどと多彩。
- □商品企画　素材活用のアイデア、商品化までの工夫など広範囲に及ぶ。
- □営業　商品を販売する。多角化が進む業界だけに、顧客はアパレル、半導体など多彩。

【高シェア企業】三菱ケミカル、住友化学、三井化学、東レ、旭化成、帝人、東ソー、UBE、信越化学工業、第一稀元素化学工業、日本触媒

第1部　適職分析、自分に合った業界選び・仕事選び

メーカー 素材(鉄鋼・非鉄金属)

原材料価格に左右される業績。世界規模での提携展開中

■ 鉄鋼・非鉄金属の仕事の流れ

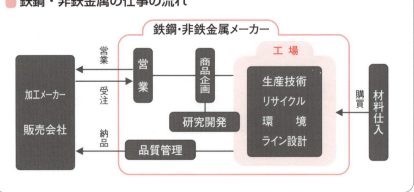

中国やインドなど新興国に需要が期待される

　一時は低迷していた鉄鋼業界ですが、価格競争力が高まったこと、各社が進めてきた情報システムや都市開発などの多角化が結実してきたこと、アジア市場での鉄鋼需要が拡大していることなどから、収益が拡大。世界同時不況の波をかぶり不安定な時期もありました。しかし、東京オリンピックの開催によって競技場やホテルの建設、高速道路などのインフラ整備が進み、鉄鋼需要は拡大傾向にあります。その一方で、鉄鋼の製造過程で発生するCO_2の排出量を抑えるため、高炉から電炉に転換するメーカーも出始めています。

　非鉄金属とは、銅やアルミニウムなど鉄以外の金属のこと。メーカーは海外から原料を仕入れて、高純度の地金を作ったり缶や建材などの二次加工に取り組んだりしており、携帯電話、デジタル家電、自動車向け材料での需要も拡大しています。中国やインドなどを中心に今後も需要増が見込まれ、これらの市場での成否が業界地図を大きく変動させていくことになるでしょう。

✓ 自分に合った業務はあるか？

- □ **営業**　扱い高が大きく、対象は世界に広がる。特定の顧客と長くじっくりとつき合うスタイル。
- □ **商品企画**　研究開発的な側面が強く、培ってきた技術とノウハウを最大限に駆使し、顧客ニーズに応える。
- □ **研究開発**　材料、化学、機械、環境、リサイクルなどの研究に取り組む。

【高シェア企業】日本製鉄、JFEホールディングス、神戸製鋼所、三菱マテリアル、JX金属、住友金属鉱山、UACJ、三井金属鉱業

● 自分にあった業界を選ぶ〜メーカー

メーカー 素材（紙・パルプ）

国内市場は成熟期に。海外市場の開拓が成長へのカギを握る

■ 紙・パルプ業界の仕事の流れ

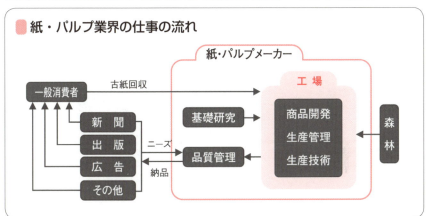

👀 植林などの環境対策が進む。課題は流通部門の整理

　紙製品には、印刷物や新聞などに使われる洋紙と、段ボールや包装資材などに使われる板紙の2種類があり、いずれかの一方を扱う専門メーカーがあれば、両方を扱う総合メーカーもあります。

　紙業界では統合・再編が一段落し、王子製紙と日本製紙グループ本社の2強体制が確立していますが、中堅が多い板紙メーカーは低収益体質に悩んでおり、今後も再編や体質改善が進んでいくと見られています。

　日本の紙需要はリーマンショックを機に大幅に落ち込んだ2009年からは個人消費や広告需要の低迷などもあって、全体的には減少傾向です。そんな中、段ボール原紙の需要は、加工食品などの食品分野や家電、eコマースの普及などを背景に、増加傾向です。今後の課題は、海外市場の開拓と流通部門の整理、そして環境問題。原料調達のためにも企業イメージ向上のためにも、各メーカーは植林事業やCO_2の削減などに力を入れています。

✓ 自分に合った業務はあるか？

☐ **営業**　出版、印刷など紙を扱う会社を顧客に商品特性を説明し、最適な紙を企画・提案・販売。顧客と一体になって機能性用紙を開発することもある。
☐ **生産製造技術**　製紙工場での生産設備の企画、設計、メンテナンスなどを担う。
☐ **調達**　紙の原料となる原木やチップを輸入する。

【高シェア企業】王子製紙、日本製紙、レンゴー、大王製紙、インターナショナル・ペーパー

自動車

メーカー

世界同時不況で苦境に陥るも、環境・安全対応車で活路を開く

■ 自動車業界の仕事の流れ

```
                  マーケティング    ┌─自動車メーカー──────────┐
                  ←──────────       │                    ┌─工場───┐  │
     一般消費者                      │   商品企画    →   │ 商品開発│  │  部
                  ──────────→       │              ←    │ 技術開発│  │  品
                  ニーズ             │                    │ 生産技術│  │  メ
        ↑                           │                    │        │  │  ー
        │                           │                    │        │  │  カ
     ディーラー   ←──────────       │   品質管理   ←    │        │  │  ー
                  営業・輸出         │                    │ 購　買 │  │←な
                                    │                    └────────┘  │  ど
                                    └──────────────────────────────┘
```

「環境・安全に優しいクルマの開発」がカギ

　自動車業界は、日本の産業全体を世界レベルまで押し上げた立役者であり、日本の巨大基幹産業です。部品メーカーなど産業の裾野が広く、その動向が国内経済に大きな影響を及ぼします。2008年秋以降の世界的不況下での販売不振、東日本大震災での部品工場の被災による国内生産の停止といった苦境も乗り越えてきた自動車業界。新型コロナウイルスでは世界的な半導体不足など部品供給が停滞したことで、生産水準はコロナ前を下回っています。

　今後の開発のカギとなるのは、「環境」と「安全」です。中国をはじめ世界各国で自動車の環境規制が強化されていることから、多くの国が、基準をクリアする電気自動車（EV）や、燃料電池自動車（FCV）の開発に国をあげて取り組んでいます。また安全対策ではAI技術による自動運転車の開発が加速。すでに各社がラインナップをそろえています。輸出依存型の産業だけに、世界規模での開発競争に勝てるかどうかが今後のポイントです。

✓ 自分に合った業務はあるか？

- □ **営業**　製造したクルマを売る相手は、ディーラーと呼ばれる自動車販売会社。販売企画色が強い。
- □ **購買**　何万点にも及ぶ各部品を、そのメーカーから調達する仕事。優れた自動車を造るには、優れた部品を仕入れる確かな目が求められる。
- □ **インダストリアルデザイナー**　自動車本体や各パーツをデザインする。

【高シェア企業】トヨタ自動車、本田技研工業、スズキ、ダイハツ工業、日産自動車、マツダ、SUBARU

● 自分にあった業界を選ぶ〜メーカー

メーカー AV・家電

常に最先端の新製品が求められる開発競争の激しい業界

■ AV・家電業界の仕事の流れ

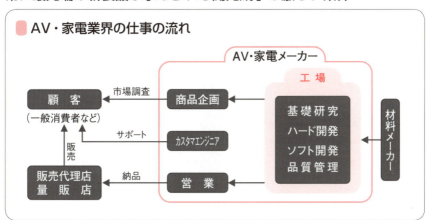

🔍 円高や韓国メーカーの攻勢など厳しい状況。事業構造の改革も進む

　プラズマテレビ、液晶テレビ、DVD プレーヤーなどデジタル家電の急成長が、家電・AV 業界に好景気をもたらしました。2011 年にテレビが地上波デジタル放送に完全移行したことも、薄型テレビの販売が好調だった業界にとっての追い風になりました。しかし、その特需の反動や円高、韓国メーカーの攻勢などから業績は一転、厳しい状況となっています。各社では不採算部門からの撤退、工場の縮小を進める企業もでています。とはいえ、高い技術力によって世界でもシェアを伸ばしてきた日本の家電メーカー。事業構造の改革を含め、得意分野の強化、フルハイビジョンの4倍の解像度を持つ4K、さらには8Kテレビなどの新製品が発売され、業績回復に期待が寄せられています。

　また、今や家電製品の大半がアジア諸国での海外生産ですが、生産ばかりか有望なマーケットとしても注目されており、現地での販売強化につなげていく戦略が活発になってきています。

✓ 自分に合った業務はあるか？

☐ **生産技術**　製品を量産するための技術や製造ラインを開発。海外生産も多いため、海外工場で技術指導を行う機会も。

☐ **広報・宣伝**　新商品に関する資料やパンフレットなどを制作して報道機関や販売店に配付したり、販促キャンペーンを企画したりする。

☐ **営業**　製品を宣伝して実売に結びつける。主要顧客は家電量販店や専門店など。

【高シェア企業】日立製作所、パナソニック、ソニー、三菱電機、東芝、富士通

メーカー OA・精密機器

世界トップレベルの技術力を強みに代表的な輸出産業へ

■ OA・精密機器業界の広がる商品群

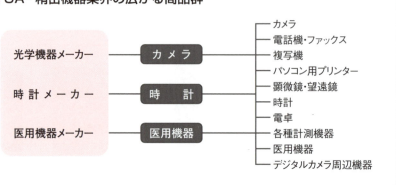

採算性が課題の市場。技術応用で異分野進出に活路

　デジタルカメラ、複写機、プリンター、時計などがこの業界の主力商品。精密機器には光学、デジタル、機械などの総合的な技術が求められるので、ノウハウと実績が豊富な日本企業の得意分野です。海外での日本製品の人気は高く、世界的なデジタル家電人気もあり、輸出産業として好調な業績を維持していましたが、世界的な景気の低迷もあり現在は足踏み状態といえます。

　輸出は為替リスクを受けやすく、国内市場も飽和状態にあることから、各社は異分野への進出にも積極的です。カメラメーカーは光学技術を生かし、複写機、プリンター、顕微鏡などのOA機器、医用機器、半導体製造装置の分野に進出。時計メーカーは緻密な加工技術を活用し、情報機器や工作機械分野に活路を見出しています。

　こうした製品の市場は全体として堅調に成長こそしてはいるものの、採算性の改善を求められてもいる業界です。

✓自分に合った業務はあるか？

☐ **生産管理**　生産工程の管理から製品の出荷までの流れをトータルに管理する。品質管理部門は出荷前の完成製品のチェックを担当する。

☐ **生産技術**　製品を量産するための技術や製造ラインを開発する。海外生産も多いため、技術指導は海外工場でも。

☐ **営業**　法人の製造部門や家電量販店などの主な顧客に製品をPRする。

【高シェア企業】キヤノン、カシオ計算機、富士フイルム、リコー、富士フイルムビジネスイノベーション、コニカミノルタ

● 自分にあった業界を選ぶ〜メーカー

重機・建設機械・工作機械

海外の需要増加がひと息つくも、世界的シェアを占める企業も

■ 重機・建設機械・工作機械業界の仕事の流れ

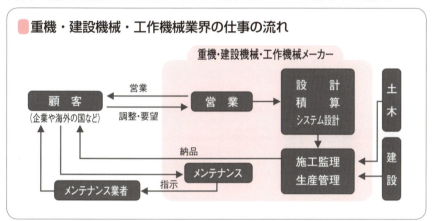

中小の専業メーカーが林立。多品種少量生産が特色

　陸・海・空の総合的な機械事業に取り組むのが重機業界。ごみ焼却炉などのプラント、駅舎から信号システムまでをトータルに請け負う交通システム、海洋・宇宙開発など、典型的な重厚長大産業を担っています。

　油圧ショベルやブルドーザー、クレーンなどを製造しているのが建設機械業界です。公共事業の縮小などで厳しい経営環境が続きましたが、輸出拡大で業績を持ち直し、最近では輸出額が国内出荷額を上回っています。

　機械を造る機械といわれる工作機械や産業用ロボットの製造では、日本はアメリカ、ドイツと並ぶ世界主要生産国の一つ。中でも工場生産の要であり、数値情報で自動制御するNC工作機械とマシニングセンターでは、圧倒的な国際競争力を誇っています。

　中小の専業メーカーが多く、注文生産も多いため多品種少量生産がこの業界の特色です。

✔ **自分に合った業務はあるか？**

□**営業**　重機・建設機械の営業対象は建設会社や建設資材リース会社。工作機械は工場を持つ一般企業など。営業先は国内だけでなく世界の企業に広がっており、特に東南アジアは重要なマーケットになっている。
□**生産技術**　製品を量産するための技術や製造ラインを開発する。海外生産も多いため、技術指導は海外工場でも。
□**品質管理**　出荷前の完成製品のチェックを行う。

【高シェア企業】三菱重工、川崎重工業、IHI、小松製作所、DMG森精機、豊田自動織機、ファナック、安川電機、ハーモニック・ドライブ・システムズ、日立建機、ナブテスコ

スーパー

小売・サービス

2強を核として展開。消費マインドの回復は不透明

■ スーパーの仕事の流れ

```
スーパー
  店舗              本部
  店長             バイヤー ← 仕入 ─ 業者・商社
                              ↓
  顧客 ← 販売 ─ 店舗スタッフ
(一般消費者) 購入 →  ・レジ
                    ・部門スタッフ
                  店舗開発 → 新規出店
```

総合スーパーから個性化を打ち出す時代へ

　食品から衣料品、日用品、DIYなどの住関連用品まで幅広い品揃えを特色としています。最低賃金は上昇したものの、景気はまだら模様が続いていることから、消費マインドの上昇につながるかは不透明です。そのためイオンとセブン＆アイ・ホールディングスの2強体制の中、脱総合スーパー路線を強める動きも。イオンと資本・業務提携したダイエーや、西友などの経営再建も注目されています。

　大手に続く主要スーパー各社は、専門性を打ち出したり、既存店を24時間営業に変更したり、ネットスーパー事業を拡大したりと、特色づくりと顧客ニーズに合わせた店舗スタイルづくりに取り組んでいます。

　スーパーと専門店を組み合わせた大型ショッピングセンターや、ショッピングモールの新規出店は落ち着きましたが、中心市街地への小型店の出店が見直されるなど、収益力強化も図られています。プライベートブランドの開発や流通体制の合理化も課題です。

✓ 自分に合った業務はあるか？

- □ **店長**　一つの店舗の運営を任され、会社や自らが目指す目標に向かい、商品、売上、スタッフなどをトータル的に管理し、指示を出していく。
- □ **スーパーバイザー**　本部と店舗のパイプ役として、複数の店舗を管理し、運営状況を見ながらさまざまなアドバイスを送る。
- □ **バイヤー**　仕入れのプロとして、売れる商品を発掘して折衝・買い付けを行う。

【高シェア企業】イオン、セブン＆アイ・ホールディングス、ファミリーマート

● 自分にあった業界を選ぶ〜小売・サービス

百貨店

物流・仕入れの提携で経営の効率化を推進。低迷打破へ

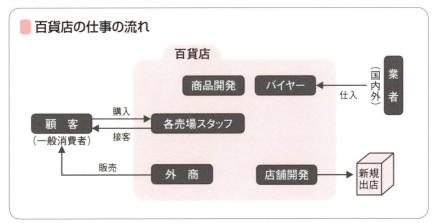

売場の再構築とITによる接客で百貨店の新しい姿を模索

　かつて小売業界の主役だった百貨店業界も、個人消費低迷と他業態への消費者流出の波を受け苦戦を強いられています。売上の柱だった中元・歳暮などの法人需要の激減も、大きな痛手となっています。

　ここ数年、そんな厳しい経営状況を打開すべく、百貨店同士の連携や経営統合が進められ、人件費をはじめとした経費の徹底的な節減と、物流や商品仕入れの効率化などを進めています。

　また、売場の大改装や売れ筋ブランドの強化、外国人観光客を意識したサービスなど、集客と増益につながる動きも活発になってきました。

　修理・リフォームなどのアフターフォロー、会員カードを利用したサービスの態勢を強化する工夫、さらに、売場ごとの顧客購買履歴を管理し趣味・志向に合わせた提供・提案をするIT活用の接客など、新たな取り組みも始まっていますが、依然、苦戦が続いています。

✓ 自分に合った業務はあるか？

□ **販売スタッフ**　担当する売場で商品を提案・説明・販売する仕事。売場作り、品出し、商品管理なども担当。
□ **外商**　法人や大口顧客を担当する外回りの営業。顧客の要望に応じて取扱いのない商品も仕入れるなど、個人商社的な役割も果たす。
□ **マーチャンダイザー**　商品の販売量や価格の決定など、販売計画を担う。

【高シェア企業】三越伊勢丹ホールディングス、J. フロント リテイリング、
　　　　　　　エイチ・ツー・オー リテイリング、近鉄百貨店、東急百貨店、東武百貨店、髙島屋

専門店・量販店

「新流通」を確立して躍進。安売りの次は商品提案力でも勝負

■ 専門店・量販店の仕事の流れ

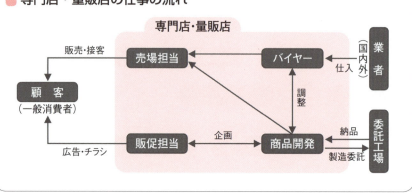

集客力と経営効率の良さで業績好調。海外進出にも意欲を示す

　カジュアル衣料、医薬品、玩具、百円ショップなど、各分野での品目を集めて販売する専門店で、成長を続けています。売れ筋を見極めながら自社内で商品開発から製造・販売までを手がけ、少ない資産で在庫を好回転させる経営効率の良さが特色です。集客率の高さから、百貨店やスーパーなどの大型小売店からテナントとして招かれ出店する人気企業も目立ちます。店舗の大型化を進める一方、海外進出にも意欲的で、世界各国に店舗を増やし、勢力拡大に力を入れています。

　家電量販店、大型ディスカウント店、ホームセンターなどは近年、郊外店から駅前の一等地などにも大型店舗を構えるようになってきました。利益率確保をねらった経営統合、買収、提携などの再編も盛んで、低価格路線にこだわらない、多様なニーズに対応できる提案性の高い売場展開で、さらなる可能性を模索しています。

✓自分に合った業務はあるか？

- □ **店長**　商品、売上、スタッフなどをトータル的に管理し、指示を出すことで店舗を運営する。
- □ **スーパーバイザー**　本部と店舗のパイプ役として、複数の店舗を管理する。
- □ **バイヤー**　商品仕入れ担当者。市場動向と顧客ニーズをにらみ、店舗コンセプトに合った商材を仕入れる。

【高シェア企業】ヤマダデンキ、ウエルシアホールディングス、ニトリ、良品計画、パン・パシフィック・インターナショナルホールディングス

● 自分にあった業界を選ぶ〜小売・サービス

通信販売

インターネット通販が拡大。新たな市場でのシェア拡大を目指す

■ 通販業界の仕事の流れ

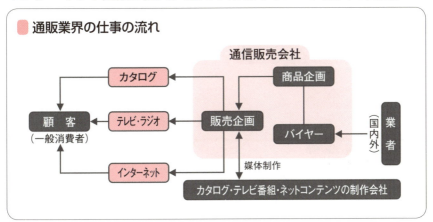

通販専門会社のほか、百貨店や専門店も通販部門を拡充し積極展開

　通販専門会社のほか、百貨店や専門店も通販部門を設け、売れ筋商品を中心とした品揃えで顧客の購買意欲を刺激しています。魅力的な商品や、一般の店舗では入手しにくい独自商品を持つ企業、化粧品などのカタログ通販、テレビショップも好調です。ケーブルテレビの自社チャンネルで販売する会社もあります。スマートフォンやタブレットなどによるインターネット通販も伸長しており、専用のアプリを開発してシェア拡大を図るほか、購入希望者が増えるほど価格が下がるギャザリングや、複数の購入希望者を募り、期間を限定して共同購入してもらう販売手法も登場しています。また、実演コーナーを持つ店舗を新設したりと各社で差別化を進め、収益を伸ばしています。

　ただ、個人情報保護への取り組みという課題もあります。今後は配送システムの効率化などでサービスとコスト削減の両立を果たし、消費者にいかに訴えかける商品を提供できるかで、各社の差が広がってくると見られています。

✓ 自分に合った業務はあるか？

□**商品企画**　独自の魅力的な商品構成は通信販売の要。情報力やセンスを発揮して、常に注目される商品を発掘する力が求められる。
□**カタログ制作**　クリエイティブスタッフに指示を出し、見ているだけでも楽しい、購入意欲をそそるカタログを作る。
□**カスタマーサポート**　電話やメールなどで顧客からの注文を受ける窓口業務。

【高シェア企業】ベルーナ、アマゾンジャパン、LINEヤフー、楽天グループ、ジャパネットホールディングス、ニッセンホールディングス

小売・サービス

外 食

メニュー開発、新業態の展開など、各社とも独自の戦略を推進

■ 外食業界のさまざまな形態

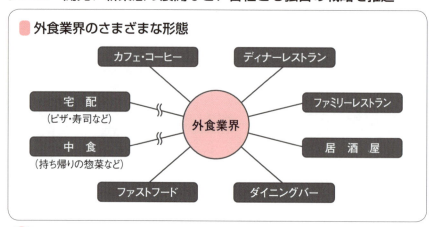

経営路線の違いが顕著な業界。新規参入組にもチャンスが

　ファミリーレストラン、ファストフード、回転寿司、牛丼店などと多彩なカテゴリーがあります。堅調に伸びてきましたが、新型コロナウイルスによる外出自粛、営業時間短縮などの影響で2020年から業績は低迷。行動規制のない現在も回復途上にあり、各社は厳しいかじ取りを余儀なくされています。

　また、企業間の経営戦略に、方針と目指す方向の違いがはっきりと浮き出ているのもこの業界の特色です。低価格路線を貫く、メニューのバリエーションを広げ客単価を追求する、新業態を展開するなどさまざまです。

　ファストフード業界では、原材料費の上昇やアルバイト確保などの問題が露呈していますが、顧客ニーズに合わせたメニュー開発や店舗設計、外国人労働者の雇用など、各社独自の戦略を展開。業績の回復に努めています。

　外食産業は新規参入しやすく、新興ベンチャー企業にもチャンスをつかめる業界の一つだけに、各社の戦略が今後よりいっそう問われていくと見られています。

✓ 自分に合った業務はあるか？

☐ **店長**　売上やスタッフの管理、集客戦略の立案など、マネジメント能力が求められる店舗の責任者。その実力で売上に大きな差が。

☐ **フロアスタッフ**　お客様の案内、オーダーなどを担当する接客担当者。顧客の反応を肌で感じ、その情報を店舗運営に生かすのも大切な役割。

☐ **本部スタッフ**　メニュー開発、店舗開発、食材の購入などを担当。

【高シェア企業】すかいらーく、日本マクドナルド、コロワイド、ゼンショー、スターバックスコーヒージャパン

● 自分にあった業界を選ぶ〜小売・サービス／人材

人材　教育

堅調な学習塾・英会話学校だが、競争と淘汰の時代へ

■ 教育業界を構成するさまざまな形態

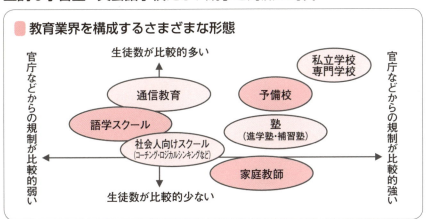

公的教育への不安と資格取得意欲の向上が業界拡大の背景に

　少子化の影響で先細りになると思われていた業界ですが、その波を被って不振が続く大学受験予備校を除き、学習塾を中心とした教育業界へのニーズは高いものがあります。これは、週5日制の導入や変動を繰り返す学習内容に不安を抱き、また公立学校への不信感から私立志向を強めた親たちの、塾を積極的に活用する動きが背景にあるためです。親たちのニーズの傾向は、集団学習から個別指導へと移りつつあります。

　また、英会話など乳幼児からビジネスマンにまでターゲットを広げている語学学校、高齢化と学習意欲の向上が背景にある生涯教育、現役大学生が語学力や資格取得を目指して通う専門学校なども全体的に好調です。これまでの中心だった通学講座・通信教育に代わり、場所や時間に関係なく学べるインターネット活用のe-ラーニングといった学習スタイル、スマートフォンやタブレット端末の活用など多彩なサービスの提供に力を入れています。

✓ 自分に合った業務はあるか？

- □ 講師　学習塾、語学学校、パソコンスクール、資格取得系専門学校などがあり、生徒は幼児から高齢者までと多彩。教員免許がなくても講師になれる。
- □ 運営スタッフ　カリキュラムや講義スケジュールの企画、生徒や保護者に対する進路相談などのサポートを担当。
- □ 営業　生徒募集のほか、法人に対しては社員教育の受託などを働きかける。

【高シェア企業】ベネッセホールディングス、公文教育研究会、河合塾、学研ホールディングス

就職支援・人材派遣

付加価値の高い専門家や、優秀な外国人を紹介するなど事業が拡大

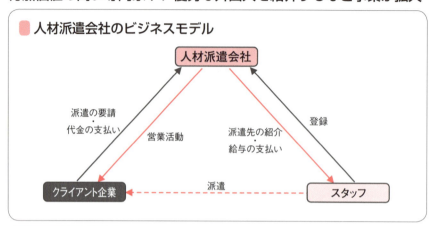

■ 人材派遣会社のビジネスモデル

対応する職種が多彩。プロジェクトを丸ごと請け負う会社も

　人材派遣会社は、企業が必要とするスキルの備わった人材をストックし、必要な期間だけ派遣して業務遂行を支援します。人材の効率的な活用と経費削減を目的として、多忙な一定期間だけ業務をアウトソーシング（外部委託）する企業のニーズに応えてきました。現在では派遣職種の自由化を受け、エンジニアなどの多彩な専門職種にまでその幅は広がっています。

　正社員を募集している会社と、派遣ではなく正社員として働きたい人とを結ぶ就職支援のビジネスが、人材紹介業です。無料で求人情報を提供し、採用が決まったら企業側から成功報酬を受け取る仕組みで、以前は経営幹部の紹介などが中心でしたが、最近は第二新卒といわれる即戦力の若い人材に人気が集まり、紹介事業市場が活性化しています。また、海外進出する企業にグローバル人材を紹介したり、逆に、優秀な外国人を国内企業に紹介するサービス、医療やITなど付加価値の高い専門家を紹介するビジネスも注目を集めています。

✔ 自分に合った業務はあるか？

- □ キャリアアドバイザー　人材登録者のキャリア診断や、キャリアプランの相談にのるほか、ふさわしい企業や職場とのマッチングを行う。
- □ 営業　顧客企業の業務を分析し、最適な人材をコーディネートすることでアウトソーシングのメリットを提供していく。
- □ 教育担当　派遣スタッフの教育・研修を行い、人材を育成する。

【高シェア企業】リクルートホールディングス、パーソルキャリア、パソナ、アデコ、マイナビ

● 自分にあった業界を選ぶ〜人材

人材 福祉・医療

競争が激しさを増す福祉分野。イニシアチブをねらう医療分野

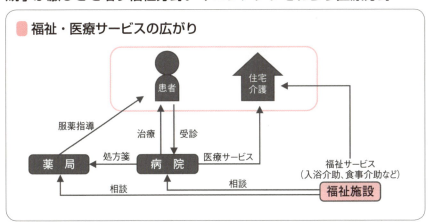

福祉・医療サービスの広がり

高齢社会の到来で市場拡大。成長産業として新規参入組が続々

　2035年には約3人に1人が65歳以上の高齢者になると予測されている高齢社会背景として、シルバーマーケットが拡大してきています。

　介護・福祉サービスは、有料老人ホームなどの「施設型」と、訪問介護やデイサービスなどの「在宅型」があり、民間企業がそれぞれのノウハウを生かして参入しています。

　ほかにも介護ベッドや車いすなどの福祉機器を扱う企業や、バリアフリー化に対応した機器・設備を扱う企業などがあり、他業種からの新規参入が多いことも手伝って、大規模な市場を舞台とした競争が激化しています。

　医療分野では、遺伝子情報であるゲノムを核とした医療技術と、バイオ関連事業が注目されています。エレクトロニクスメーカー、IT企業、食品、医薬品メーカーなどが再生医療や医療機器の開発に参入。新分野だけにいち早くイニシアチブを握るべく、競争を激化させています。

✓ 自分に合った業務はあるか？

☐ **介護福祉士**　リハビリや日常生活の援助を中心に、高齢者や障害者のあらゆる生活場面で肉体的・精神的な援助を行う。

☐ **訪問介護員**　高齢者や身体障害者の在宅介護を行う仕事。介護の専門技術のほか、コミュニケーション能力も不可欠。

☐ **営業**　商品販売や新規市場の開拓、施設入居者の募集・獲得など。

【高シェア企業】ニチイ学館、SOMPOホールディングス、パラマウントベッドホールディングス

第1部　適職分析、自分に合った業界選び・仕事選び

45

音楽・映画

インターネットを利用した音楽や映画配信サービスに活路

■ レコード会社の仕事の流れ

```
レコード会社                レコード店        アーティスト
                                      作詞家・作曲家
    営業                                外部スタッフ
                         制作          （ディレクターなど）
    宣伝
                          ◎
                                      市場へ
マスコミ    広告代理店
（出版・放送）
```

🔭 映画業界は魅力あるコンテンツのコンスタントな配給が課題

　約20社のレコード会社を擁する音楽業界の市場縮小に歯止めがかかりません。その要因には、レジャーの多様化と音楽にお金をかけなくなった若者たち、さらに、インターネットを利用した不正な音楽配信によるCD販売数激減などが挙げられます。レコード会社各社はCD以外のビジネスに活路を見出しており、携帯電話への楽曲提供やインターネットを通じて音楽を提供する「音楽配信サービス」といった、新事業の展開に力を入れています。しかし、外資の参入もあり、この分野でも競争が激化しつつあります。

　映画業界は、邦画の人気が回復傾向にあること、複数の映画館と大型施設を併設したシネマコンプレックスが人気を集めたことなどから、興行収入がひところの低迷から息を吹き返しました。とはいえ、長期的にみると興行収入は伸び悩む傾向で、ヒット作に業績が左右されるという一面もあります。魅力あるコンテンツをコンスタントにどう配給するかが大きな課題です。

✔ 自分に合った業務はあるか？

☐ **買いつけ**　映画会社にとって最も重要なのは、大ヒットする映画をいかに見つけるか。映画祭や商談で作品を発掘し、買いつける。

☐ **広報・宣伝**　プロモーション活動や広告戦略を練り、上映作品をマスコミ各社と一般客にPRする。

☐ **音楽ディレクター**　CD制作など、制作現場の責任者。

【高シェア企業】ソニー・ミュージックエンタテインメント、エイベックス、東宝、東映

● 自分にあった業界を選ぶ～レジャー・エンターテインメント

 # ゲーム・玩具

ソフト開発がカギを握るゲーム業界。玩具業界は他業態連携を強化

■ ゲーム・玩具業界の区分

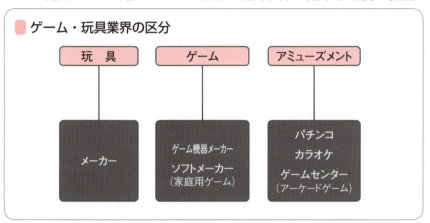

世界市場でどう闘うかが今後のキーワード

　ゲーム業界は、任天堂などハードを開発・製作するメーカーと、スクウェア・エニックスなどゲームソフトを制作・販売するソフトメーカーとに分けられます。家庭用ゲーム機では、ゲーム以外のコンテンツも楽しめる次世代機種も登場。インターネットを活用したオンラインゲームや、高機能な携帯版ゲーム機の発売により、業界の競争は激化する一方です。アメリカのゲーム市場は、今や映画市場をしのぐといわれるまでに成長しましたが、国内ゲームメーカー各社がいかにそこに食い込み、世界のデジタルコンテンツ市場で注目を集められるかが、今後の成長のカギを握ります。

　玩具業界は少子化の影響を受けながらも、他業態との連携や周辺事業の強化などで健闘しています。中でもキャラクターグッズは根強いファンを獲得し、安定市場を形成しています。世界規模で拡大するeスポーツの普及も追い風で、ゲーム産業をさらに大きく躍進させる可能性を秘めています。

✓ 自分に合った業務はあるか？

☐ **営業**　ゲーム機メーカーやコンテンツ配信会社などに自社ゲームを供給する提案・交渉を行う。また量販店などに対し、一般消費者向けの販売促進を行う。
☐ **ゲームプランナー**　アイデアや構想を練ってゲームをプランニングする。
☐ **ゲームプログラマー**　ゲーム制作のプログラミングで中心的な役割を担う。
☐ **商品企画**　自分のアイデアと情報を駆使し売れる商品を考え、企画する。

【高シェア企業】ソニー、任天堂、バンダイナムコエンターテインメント、タカラトミー、スクウェア・エニックス、ミクシィ

ホテル

高級路線など独自の戦略を展開。新しいサービスも模索する

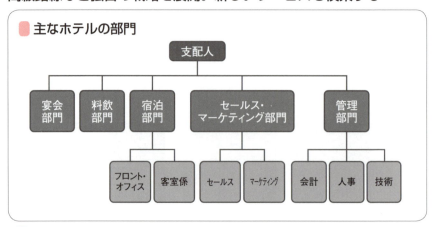

主なホテルの部門

新たな需要を掘り起こし、集客の回復を目指す

　景気や社会情勢の影響を受けやすいホテル業界ですが、東京スカイツリーなどの開業により東京のホテルの稼働率は回復。ビザ緩和を背景に外国人観光客も増加傾向に転じました。2013 年には富士山が世界遺産に登録され、東京オリンピックの開催決定も追い風となるはずでした。

　一方では、増加する外国人観光客に個人や投資用マンションを貸し出す「民泊」ビジネスが活発化したり、多くの外資系ホテルが新規参入したりなど、業界内ではその供給過剰が懸念されました。国内既存組の大手高級ホテルは、客室やレストランの改装で対抗。高級路線を演出し、富裕層の取り込みを戦略化してきました。しかし、新型コロナウイルス感染症拡大の影響で売上は激減。それでもテレワークプランや日帰りプランなどを企画して集客に努め、行動規制が解除された 2023 年からはコロナ前の活気を取り戻しつつあります。

✓自分に合った業務はあるか？

- □営業　旅行代理店や一般企業を訪問し、宿泊や宴会の需要を掘り起こす。
- □フロント　宿泊客に対しチェックインからチェックアウトまでの、一切のサービスの窓口役を担う。
- □ブライダルコーディネーター　ホテルにとって結婚披露宴は大きな収益源。結婚式の進行や演出をアドバイスする、専門知識とマナーが求められる。

【高シェア企業】ホテルオークラ、プリンスホテル、リゾートトラスト、帝国ホテル

● 自分にあった業界を選ぶ〜レジャー・エンターテインメント

ブライダル

裾野の広い業界。変化する結婚観に対応できる提案力がカギ

■ ブライダルビジネスの構成

 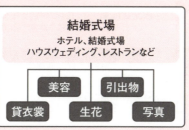 

市場の寡占化が進んでおらず、差別化戦略で成長の可能性も

　ブライダル業界は非常に裾野の広い業界です。挙式や披露宴以外にも、指輪やドレスなどの装飾品、挙式までの美容や当日のメイク、さらには新婚旅行、結婚前の相談や式場のあっせんをはじめとした結婚情報の提供など、さまざまな関連ビジネスによって市場が形成されています。しかし、少子高齢化に伴って市場規模は縮小傾向にあり、2022年のブライダル関連市場規模は約1.8兆円です。また、結婚はしても挙式や披露宴を挙げない「ナシ婚」を選択する人が出てくるなど、結婚に対する価値観も変化してきました。

　こうしたなか、従来のパッケージ化された型どおりの挙式を提供するのではなく、カップルの要望をじっくりと聞き、低価格で手作り感あふれるプランや、海外リゾート婚など特定の部分にお金をかけたプランを提案していく動きが出てきました。大手の寡占化が進んでいないことも特徴で、規模が小さい会社であっても、他社との差別化を図ることで業績を伸ばすことが可能な業界です。

✓ 自分に合った業務はあるか？

☐ ウエディングプランナー　式の演出、会場の手配、イベントの提案、スタッフの手配など、挙式全般をトータルにプロデュースする。
☐ バンケットサービス　挙式・披露宴の準備や料理の進行などを担う。各担当スタッフに指示を出し、円滑な進行に努める。
☐ 介添人　挙式・披露宴当日、新郎新婦に付き添いサポートする。

【高シェア企業】テイクアンドギヴ・ニーズ、ツカダ・グローバルホールディング、ワタベウェディング

旅行・レジャー

大手数社の寡占化が進むが、多くの専門旅行社も活躍

■ 旅行業界の仕事の流れ

```
                    旅行業界
個人客 ←販売― カウンター営業 ――手配→ ホテル・旅館（国内外）
  ↑
添乗サービス  ツアーコンダクター → 企画 → オペレーション
  ↓                                     ――手配→ 航空・鉄道・バス（国内外）
団体客 ←販売― 法人営業
```

🔭 違った角度からのアプローチで厳しい業績からの脱却を目指す

　旅行業界を主導するのは、ホテルや交通チケットの予約・仲介や国内外のパッケージツアーを企画・実施している旅行代理店です。大手数社の寡占化が進みますが、取り扱う国・地域やテーマに特化した専門旅行会社など多くの旅行会社が存在します。海外旅行は、現地の動向に影響を受けやすいこと、利益率の低い収益構造であること、インターネットを使って直接手配する個人旅行が増加したことなどにより、各社の経営を圧迫。新型コロナウイルスによる行動規制の解除後は、富裕層やシルバー世代を対象とした高額パック旅行や外国人旅行者の日本誘致とその取り込みなど、さまざまなアプローチでの対策が図られています。

　テーマパークや遊園地などを展開するレジャー業界は、苦しい経営が続いています。近年では温泉施設を併設するなど、幅広い顧客層の獲得で生き残りをかけるレジャーランドが目立ちます。こうした複合施設化の動きはさらに加速すると見られています。

✓ 自分に合った業務はあるか？

☐ **営業**　旅行業の営業には、企業などを訪問して契約を交わす「法人・団体営業」と、営業所窓口で顧客の対応や案内をする「カウンター営業」とがある。
☐ **ツアーコンダクター**　団体旅行に添乗し、出発から帰着までの実務と観光案内を担当。通常は営業やツアー企画の仕事も兼務する。
☐ **予約係**　顧客の要望に沿って、交通機関や宿泊施設を手配する。

【高シェア企業】JTB、エイチ・アイ・エス、オリエンタルランド、ユー・エス・ジェイ

● 自分にあった業界を選ぶ〜レジャー・エンターテインメント／エネルギー・インフラ

エネルギー・インフラ 交通・運輸

多角化に取り組む鉄道業界。大規模な企業統合が続く運輸業界

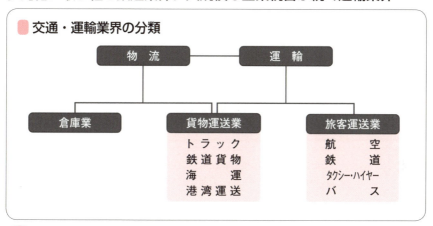

交通・運輸業界の分類

公共分野だけに規制が多かったが、規制緩和で市場が活性化

　交通手段の多様化と少子高齢化による通勤・通学客の伸び悩みで、運賃による収益拡大が見込めない鉄道業界。そこで各社は駅の集客性に目をつけ、テナント誘致や各種窓口サービスなど、多角化を積極的に推進しています。その一方で利用者の安全対策への要望は強く、高架線化や安全運行（運航）にコストが割かれており、安全と快適をキーワードにした集客戦略が、今後のカギを握るでしょう。また、タクシー業界では初乗り運賃の値下げやAIの活用によって集客拡大を目指す動きが見られます。

　運輸業界には、トラック輸送の陸送、タンカー・コンテナ船など国際海上輸送の海運、そして航空機で人と荷物を運ぶ空輸があります。どの業界も規制緩和によって商機拡大の時期にありますが、人材不足が大きな課題。また外資企業の参入もあり、競争が激化しています。とくに航空業界では、ローコストキャリア（LCC）と呼ばれる格安航空会社の就航の動きが活発化しています。

✓ 自分に合った業務はあるか？

- □ **運行（運航）管理**　分単位の精度が求められる輸送時のタイムスケジュールやルートを作成し、その管理を行う。
- □ **情報システム**　輸送の高速化と確実性を支える目的で、膨大な数の荷物をさばくためのコンピュータ化が進んでいるが、その開発・維持を担う。
- □ **整備**　安全運行（運航）のために車両・機体・船体の整備・点検を行うエンジニア。

【高シェア企業】全日本空輸、日本航空、日本郵船、商船三井、JR東日本、JR東海、JR西日本、三井倉庫、三菱倉庫、ヤマト運輸

第1部　適職分析、自分に合った業界選び・仕事選び

建設・不動産・住宅

約10人に1人が働く建設業界。住宅業界は8割が地域密着型企業

■ 建築・不動産・住宅業界の区分

建　設	注文者からの発注に基づき、建造物をつくる業種。土木工事業、建設工事業、鉄筋工事業などがある。
不動産	アパートやマンションの売買や賃貸の仲介業務を行う業種。賃貸物件の管理を行う場合もある。
住　宅	戸建やアパート、マンションなど、主に住居を目的とした建物を建てる業種。いわゆるハウスメーカー。近年はリフォームが注目されている。

不動産開発は都市全体をデザインするプロデューサー的役割を担う

　道路やダムといった公共工事から、商業ビルやマンションなどの民間建設まで、幅広い技術で日本の国土を開発している建設業界。スーパーゼネコンと呼ばれる大手5社を頂点に、準大手、中堅ゼネコンなどがひしめき合う、巨大な産業です。公共事業の減少で低迷しましたが、合理化などで少しずつ持ち直し、東日本大震災や熊本地震後の復興や、東京オリンピックの施設建設、老朽化したインフラの再整備などにより、需要は戻ってきました。今後の課題は環境対策、災害対策に考慮した開発、そして慢性的な建設人材不足をいかに解決するかです。

　不動産業界は、デベロッパー、賃貸、流通（仲介）、管理の4分野に分けられます。デベロッパーは、都市部を中心とする大規模再開発事業が増加し、複合施設を核とした大型物件の開発に注力しています。住宅業界は2割の大手メーカーと8割の地域に密着した工務店で構成され、新築物件の伸び悩みから、増改築やリフォームに力を入れています。

✓ 自分に合った業務はあるか？

☐ **営業**　公共事業は入札参加からスタート。単に発注を受ける営業ではなく、工事の進捗を常に確認し、完成までの責任を負う。
☐ **施工監理**　いわゆる現場監督。現場の作業責任者として、従事する職人や下請け会社スタッフをまとめ、進捗も含めて管理していく。
☐ **インテリアコーディネーター**　顧客に、内装や家具選定のアドバイスをする。

【高シェア企業】大林組、鹿島建設、大成建設、三井不動産、三菱地所、大和ハウス工業、積水ハウス

● 自分にあった業界を選ぶ〜エネルギー・インフラ

エネルギー・インフラ 石油・電気・ガス

エネルギー業界全体の大きな変換期を迎える

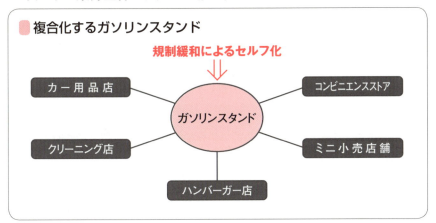

■ 複合化するガソリンスタンド

規制緩和によるセルフ化

- カー用品店
- クリーニング店
- コンビニエンスストア
- ミニ小売店舗
- ハンバーガー店

国のエネルギー政策とも密接に関係。電力業界は大きく変貌

　石油業界は、原油や天然ガスの開発・生産を行う会社と、製油・元売り・販売などを担当するところに分けられます。後者の石油を販売する元売り会社には、ENEOSホールディングス、出光興産などがあり、そのグループの傘下に、原油をガソリンに加工する精製会社や、ガソリンスタンドなどが系列となっています。原油価格の高騰や規制緩和による競争激化で、淘汰が進む業界でもあります。

　電力業界は、1地域1社という保護政策が守られ、大手10社の地域独占体制が続いていましたが、段階的な自由化で多角化を図っていました。そのなかで、2011年に起きた東日本大震災で福島第一原子力発電所の事故が発生。原発の存続を含め、再生可能エネルギーへの転換が進んでいます。2016年には電力の小売自由化が始まり、業界自体が大きく変わりつつあります。

　ガス業界でも2017年から都市ガスが小売自由化され、規制緩和による新規の参入で競争が激化。中小事業者の再編が進もうとしています。

✓ 自分に合った業務はあるか？

☐ **利用者対応**　安心・安定供給のための仕事で、広報活動、料金徴収、検針などを担う。顧客との接点が多い。
☐ **研究・開発**　次世代エネルギーやクリーンエネルギーの開発、用途の拡大など、10年以上先を見据えた仕事を行うスキルが求められる。
☐ **営業**　自社が扱うエネルギーの利用促進活動を担う。顧客は個人と法人。

【高シェア企業】ENEOSホールディングス、出光興産、コスモエネルギーホールディングス、INPEX、伊藤忠エネクス、東京電力ホールディングス、関西電力、東京ガス、大阪ガス

自分に合った仕事を選ぶ

仕事特性について考える

　社外を走り回って人と接する仕事、社内で書類を扱う仕事、モノを作る仕事、モノ作りの仕組みを考える仕事など、社会にはいろいろな仕事があります。そして各仕事で求められる資質（特性）にも違いがあります。各仕事で求められる資質（特性）を知ることは非常に重要です。自分の資質（特性）と合致していると、仕事に大きな幸福感を得られます。長時間・長期間働いても苦痛を感じず、逆境でもかえって闘志がわくほどです。逆に自分の資質（特性）と合致していないと、仕事に喜びを感じられません。だからこそ、職種研究は自己分析と密接に関係しており、就職活動で非常に重要なステップとなります。

　56ページ以降で、主な仕事について、その魅力と、どんな資質（特性）が求められているかを解説しています。各仕事での資質（特性）は、それぞれで特に大切なものですが、取り上げたもの以外でも大切な資質（特性）はたくさんあります。ですから、その資質（特性）がないからその仕事には就けないのではなく、自分の資質（特性）を各仕事でどう活かすかを考えることも重要です。

主な職種とその職種に求められる資質（特性）

仕事の種類（職種）		資質（特性）
営業	販売系	例えば、顧客の何気ない一言から、顧客ニーズを探り当てるなど、「よく話す」のではなく、「よく聞く」というコミュニケーション能力が求められる。
	コンサルティング系	知り得た情報を、仕事に結びつける発想力や創造力。顧客自身さえ気づいていない問題点を感じ取って、解決策をカタチにしていく企画力も必要。
	技術系	売り込む技術に関する、最新の専門知識や専門技術が不可欠。
事務	経理・財務	帳簿上に不備があれば、領収書を一枚一枚見直すといった忍耐強さが必要。
	秘書・営業事務	多くの顧客と話す仕事のため、一般常識やマナーなどの基礎力に加え、臨機応変など応用的なコミュニケーション力も求められる。
	総務・人事	給与や年金の計算、福利厚生など、社員が気持ちよく働ける環境づくりに努める。全社的な目標のために自分はサポートに徹するという協調性が必要。

● 自分に合った仕事を選ぶ

仕事の種類（職種）		資質（特性）
企　画	経営企画	トップと現場の間に入り、両者を橋渡しする仕事。常に自分に何が求められているか、問題は何かを正しく理解する問題認識力がないと務まらない。
	商品企画	自ら街に出てマーケティングしたり、意見を求めたりするなどの積極性が必要。
広　報	広報・宣伝	社会の流れ、業界の動きなどを読み、「次の一手」につながる情報収集力が必須。
技　術	研究・開発	大学や大学院で、仕事と関連する分野を研究しているなど、高い専門知識・専門技術を持っている必要がある。
	製造・品質管理	一見スムーズに動いているかに見える生産ラインにおいて、非効率の原因を見極めるといった鋭い着眼点、問題認識力が求められる。
サービス	接客・販売	お客様と接する最前線の仕事。立ち仕事も多く、体力が必須といえる。お客様からのクレームに的確に対応できる忍耐力も大切。
制　作	ディレクター	日頃からあらゆる物事に関心を持つことが必要。そして得た情報をもとに、企画を立て、制作物をつくっていく創造力がこの職種ではモノをいう。
	文章系	初めて読む人でもすんなり理解できる、わかりやすい内容にまとめられる文章力が必要。
	デザイン系	クライアントの要求は満たしつつ、自分のカラーを出せる創造力が求められる。
情　報	SE・プログラマー	短い開発期間、予期せぬバグ（プログラムの不都合）に対応するなど、体力勝負の面もある。
	システムコンサルタント	大規模システムをチームで構築する仕事において、SEやプログラマーをまとめる役回りのため、協調性が必要。コミュニケーション力も求められる。
教　育	講師・インストラクター	講師は、生徒をやる気にさせる情熱が必要であり、志望校合格などの目標に対して責任も負う。積極性と責任感が求められる。
専　門	バイヤー	ブームになる前に、売れ筋を見抜く先見性が必要。より良い商品や仕入先を探すための、地道な情報収集力も欠かせない。
	証券アナリスト・ファンドマネジャー	情報を集めるスタッフや、証券を売買するスタッフらとの協調性が不可欠。
	ディーラー・トレーダー	瞬時に大金を動かす仕事。大きなストレスに耐えられる忍耐力が求められる。
公務員	事務職（行政職）・技術職	国民の税金によって成り立っている仕事。常に「国民のために」という奉仕精神が不可欠。
	専門職	「国民のために」という奉仕精神に加え、専門分野での知識や技術が求められる。

第1部　適職分析、自分に合った業界選び・仕事選び

営業（販売系）

ココが魅力！
営業（販売系）

- 日頃の地道な活動が直接仕事に結びつく充実感がある。
- 自分のチカラで新しい顧客を開拓していける醍醐味がある。
- 顧客ニーズに対応した提案をするなど、自らの感性を活かせる。

営業（販売系）ってどんな仕事？

　企画・開発部門が作った製品やサービスを顧客に販売して、会社に利益をもたらすのが、販売系営業の仕事です。

　販売系営業は、大きく2つに分けられます。一つは、訪問販売や飛び込み、電話でのアポイント、人からの紹介、ダイレクトメールなどで新たな顧客を獲得する「新規開拓営業」。もう一つは、すでに取引がある顧客を訪問して商品やサービスのアフターケアなどを行ったり、顧客の新たなニーズを掘り起こしたりする「ルートセールス」です。

　どちらも、顧客の視点に立った自社製品の使い方を提案するなど、一方的な自社製品の売り込みにならないような工夫が必要とされています。

▌営業（販売系）に求められる資質（特性）とは？

10	コミュニケーション能力
03	継続力
13	問題認識力
18	プレゼン力
07	目標達成力

※各資質（特性）についての説明は、第2部144ページからを参照。
各番号は144ページからに対応しています。

56

● 自分に合った仕事を選ぶ〜営業（販売系）

顧客の話から要求を汲み取る　　　10 コミュニケーション能力

　よく話す人が営業に向いているとは限りません。営業では、「人の話を聞くことができる」コミュニケーション能力が必要となってくるのです。

　営業に望まれるのは、世間話の最中にもアンテナを張り巡らし、顧客の何気ない一言から、顧客は何を求めているかを探り当てる能力です。

粘り強さで将来的な仕事につなげる　　　03 継続力

　飛び込み営業は、断られて当たり前。すぐには仕事に結びつかなくても、こまめに顔を見せて情報を提供していくうちに、仕事につながっていくこともあります。手ごたえがなくてもすぐあきらめず、通い続ける努力が大切です。

　ルートセールスでも、いったんボツになった提案をタイミングを見て再度提案するといった、粘り強さが求められます。

顧客の状況を読み取り、　問題点を探り当てる　　　13 問題認識力

　顧客が断りの言葉を口にする裏には、「本当は欲しいけど、資金に余裕がない」「上司が何というかわからない」など、さまざまな意味が隠されていることもあります。それを顧客の声色や表情、顧客の上司・部下・他部署との関係などから総合的に分析・判断できれば、「低価格のものを勧める」「上司を直接説得する」など具体的な策を講じることができます。

　このように、何が問題なのかを見極める力が大切になってきます。

顧客への上手なアピールがあってこそ結果に結びつく　　　18 プレゼン力

　プレゼン力は、プレゼンの場だけで発揮されるものではありません。日頃から自分がいかに顧客のことを考え、どんな具体的な行動を起こしているかを顧客にうまく伝えられる営業担当者は、それが結果に結びついてくるのです。

目標に向かってあらゆる手段を考え実行する　　　07 目標達成力

　「今月は○○円の売上ノルマを達成する」という目標があったとします。飛び込み営業だけでは目標に届かないとき、手をこまねいていては目標を達成できないままです。例えば友人や同僚から人を紹介してもらうなど、何らかの対策を講じてでも目標を達成しようとする力が販売系営業には必要です。

第1部　適職分析、自分に合った業界選び・仕事選び

営業（コンサルティング系）

ココが魅力！ ……………………………… 営業（コンサルティング系）

- プランニング、イベント運営など幅広い業務を経験できる。
- 自分のアイデアと提案次第で顧客のイメージアップに貢献できる。
- クリエイティブとセールス両面のセンスを発揮できる。

営業（コンサルティング系）ってどんな仕事？

　顧客や新規開拓客に、イベント企画、CI戦略、広告、PR制作物などのプランニング・提案などを行う仕事。「企画営業」「アカウントエグゼクティブ（取引先担当責任者）」とも呼ばれます。

　会社により内容は異なりますが、プランニングからイベント運営、イベントに出資するスポンサーの獲得、制作物のディレクション、スケジュール・スタッフ管理まで、幅広い業務を任されるのが魅力。クリエイティブとセールス、両方のセンスが要求されます。

　自分の提案したイベントや広告がカタチになり、「集客がアップした」「企業の認知度が上がった」「企業イメージが良くなった」など直接的な反応がある、やりがいのある仕事です。

■営業（コンサルティング系）に求められる資質（特性）とは？

16	創造力
24	企画力
18	プレゼン力
04	協調性
25	マネジメント力

※各資質（特性）についての説明は、第2部144ページからを参照。

● 自分に合った仕事を選ぶ〜営業（コンサルティング系）

顧客ニーズを企画へと結びつける　　16 創造力・24 企画力

つき合いのある企業から新規店舗がオープンする情報を得たら、すぐ開店イベントなどの企画を立てて提案するなど、コンサルティング系営業には、入ってくる情報を仕事に結びつける発想力と創造力が必要とされます。

また、顧客でさえ気づいていない問題点やニーズをすくい上げ、それをより効果的な形でイベントや広告に落とし込んでいく企画力も求められてきます。人があっと驚くような鋭い着眼点を持ち、それをどう実現させていくのかというバランスも重要です。

アイデアの実現性をいかに具体化できるかが勝負　　18 プレゼン力

アイデアが良ければすべてよし、という発想だけでコンサルティング系営業は務まりません。「面白いアイデアだけど、お金をかけた分の見返りがあるのか？」というのが、顧客の本音。顧客は、イベントや広告の対費用効果をシビアに考えています。過去の実績なども踏まえて、売上・集客の見込みを具体的かつ効果的に説明する力が必要です。また、プレゼンでは、アイデアの魅力を顧客にリアルに感じてもらえる演出力も要求されます。

さまざまなスタッフと常に情報を共有し合う　　04 協調性

顧客はもちろん、イベントスタッフ、スポンサー、広告制作を担当するコピーライターやデザイナーなどと連携して仕事を行うだけに、協調性は必須です。

顧客、社内外のスタッフと密に連絡を取り合って情報を共有し、仕事が遅れがちなスタッフをフォローしていくなどの気配りも求められる仕事です。

スタッフを束ねて仕事を成功に導く　　25 マネジメント力

遅れがちなイベントや広告制作のスケジュールを間に合わせるよう段取りするほか、一つのモノをつくり上げるためにスタッフのモチベーションを上げていくことも、コンサルティング系営業に必要な素養の一つです。

納期に間に合いそうもなかったら、制作に当たるスタッフの数を増やす、スタッフの能力を把握し、適切な仕事を振り分けるなど、全体を見て調整を図っていくことが必要となってきます。

営業（技術系）

ココが魅力！ ·· 営業（技術系）

- 技術者に対して、自らの専門知識と経験で対等にわたり合える。
- 開発部門と連携しながら、製品開発をプロデュースできる。
- 納品からメンテナンスまで、一つの仕事を最後まで任される。

営業（技術系）ってどんな仕事？

　技術系営業には、セールスエンジニア、フィールドエンジニアといった職種があります。セールスエンジニアは、営業を担当するエンジニアのこと。技術者が開発した製品を、顧客にわかりやすく説明したり、各企業に合わせた効果的な使い方をプレゼンしたりする仕事です。システム構築やメンテナンスまで担当することもあります。

　フィールドエンジニアは、サービスエンジニア、カスタマーエンジニアとも呼ばれ、会社によって業務内容や呼び方もさまざま。顧客のオフィスに出向き、システム構築や保守・修理作業を行うのが主な仕事です。

営業（技術系）に求められる資質（特性）とは？

28	専門知識・専門技術力
14	情報収集力
04	協調性
19	交渉力
22	計数感覚
12	責任感

※各資質（特性）についての説明は、第2部144ページからを参照。

●自分に合った仕事を選ぶ～営業（技術系）

最新の知識や技術を自ら学んでいく　　28 専門知識・専門技術力

　最新技術を用いた製品を売り込む仕事のため、知識や技術のバージョンアップに努めるのは鉄則。忙しくても勉強時間を作る、開発部門の技術者にレクチャーを受けるなど、自ら進んで学ぶ姿勢も求められます。

他部門と協力して生きた情報を集める　　14 情報収集力・04 協調性

　情報収集が、プレゼンの成否を決めるといっても過言ではありません。情報収集は、「顧客」「競合他社」の2方面から行うのが基本。顧客の抱える問題点や今後の計画を知ることは、販売戦略を練るうえで重要です。

　また、製品の売り込みには他社との競争がつきものです。人脈や過去の傾向を分析し、他社がどんな製品を、どのような条件で、いくらで提示しているのかをできる限り情報収集することが、プレゼン成功への第一歩となってきます。

　なお、顧客を説得するのに必要な材料を集めるには、マーケティング担当者、技術サポート部門のエンジニアらの協力が必要です。良いチームワークを築く力がないと、日々の仕事はスムーズに進みません。

根回しなどの調整力がものをいう　　19 交渉力

　現場では、「顧客の要望」と「自分のできること」をすり合わせ、お互いにメリットがある形で決着できる交渉力が必要とされます。顧客の要望に応えるためには、社内で根回しを行う、上司を説得する材料を用意するなどの調整力も重要になってきます。

高い数的思考力が交渉の強みになる　　22 計数感覚

　顧客との交渉では、金額や数量などの「数字」がすべて。業界の相場、同じ性能の製品を他社はいくらで出しているか、それにより自社はどれだけ利益を得るかなどの数字に強いことは、交渉力アップにもつながります。

納品後も顧客をサポートし続ける　　12 責任感

　顧客の注文通りに製品が納入されたかを管理する能力も必要です。納品後の技術サポート、不具合が起きたときの対応なども仕事のうち。製品を納めて終わりではなく、長きにわたって管理を怠らない姿勢が求められます。

第1部　適職分析、自分に合った業界選び・仕事選び

事務（経理・財務）

ココが魅力！　　　　　　　　　　　　　　事務（経理・財務）

- 事業計画や資金調達など会社の経営に直結した仕事ができる。
- 会社の進むべき道を、経理・財務面から客観的にサポートできる。
- 税理士や簿記の資格を取得するなど、自らの専門性を高められる。

事務（経理・財務）ってどんな仕事？

　会社の経営状態を最も正確に把握しているのが、経理・財務担当者です。どこからお金を借りて、いつ何に使ったかを記録するのが仕事。日常の出入金管理や帳簿づけ、伝票整理といった細かな作業から決算表、貸借対照表、財務諸表の作成業務などを行います。

　また、金融情報の収集・分析、資金面から事業計画を立て資金調達する、資金の使途で問題点を発見したら各部門に改善の指示を出す、といった業務を担当することもあります。こうした経営と密接に結びついた仕事は、経理部門で行うこともありますが、別に財務部門を設ける会社も増えてきています。

■事務（経理・財務）に求められる資質（特性）とは？

02	忍耐力
05	向上心
09	規律遵守力
22	計数感覚
25	マネジメント力
13	問題認識力

※各資質（特性）についての説明は、第2部144ページからを参照。

● 自分に合った仕事を選ぶ〜事務（経理・財務）

地道な作業をコツコツこなす　　　02 忍耐力

　経理では、帳簿上に問題が見つかれば、領収書を一枚一枚見直していく地道な作業もあるため、忍耐強く取り組める人にふさわしい仕事です。

変化する会計基準に合わせて最新知識を身につける　　　05 向上心

　単にお金を計算するだけではなく、よりプロフェッショナルな仕事が求められてきています。仕事に役立つ税理士や簿記の資格にチャレンジする向上心も大切です。

　また、近年、国際会計基準に基づいたり、環境活動の費用対効果を算出する環境会計が登場したりと、会計基準が大きく変化しつつあります。それだけに、世の中の流れを見ながら新しい分野の専門知識を自ら身につけようとする姿勢も必要です。最近では、経理もシステム化されているのでコンピュータの知識も求められています。

業務を忠実にこなすモラルが問われる　　　09 規律遵守力

　お金に一番近いところにいる経理・財務担当者には、モラルやマナーが人一倍望まれます。ウソの数字を記録しない、いい加減な請求書や領収書に対しては支払わない、といったことをきちんと守れる几帳面なタイプ、また業務上の機密は遵守する誠実なタイプに向く仕事といえるでしょう。

大局的な視野で数字をとらえる　　　22 計数感覚

　どのタイミングでどれくらい資金を調達すればいいのかを経営陣にアドバイスするには、貸借対照表の数字を大局的にとらえて損益の見通しを立てられる、数的思考力が要求されます。

仕事内容を把握してこそ問題点を指摘・改善できる　25 マネジメント力・13 問題認識力

　優れた経理・財務担当者とは、経費や予算編成をしっかり管理できる力を持っている人です。それには、各部門の仕事をきちんと理解していることが前提です。仕事内容がわかっていれば、各部門の予算編成や売上・経費などの資金面から問題点が見つけ出せるからです。それらの具体的な改善策を指示するコンサルティング的な役割を果たすこともあります。

第1部　適職分析、自分に合った業界選び・仕事選び

63

事務（秘書・営業事務）

ココが魅力！　　　　　　　　　　　　　　　　事務（秘書・営業事務）

- 会社の中枢である上司と行動を共にし、支える充実感がある。
- 細やかなマナーと気配りで社内外のコミュニケーションを円滑にする。
- 仕事で語学力など専門知識を活かせる場面もある。

事務（秘書・営業事務）ってどんな仕事？

　秘書は特定の上司（役員、管理職など）、営業事務は1人～数人の営業担当者をサポートするなど、相手は違いますが、仕事内容はほぼ同様です。オフィスでの電話応対、情報収集、文書作成、来客への応対など、不在がちな上司や営業担当者に代わって、業務がスムーズに運ぶよう補佐します。

　秘書はこのほかに、スケジュール管理や得意先へ持参する手土産の用意、会議に同席して内容をまとめる、上司の体調管理、といった業務をこなすこともあり、会社によって仕事の範囲はさまざまです。会議をスムーズに行えるように手配するといった細かい業務から、人事・労務、企業会計・財務の基礎知識が必要になってくる場合もあり、オールマイティに仕事をこなせる力が求められてきます。

事務（秘書・営業事務）に求められる資質（特性）とは？

10	コミュニケーション能力
08	適応力
05	向上心
02	忍耐力
28	専門知識・専門技術力

※各資質（特性）についての説明は、第2部144ページからを参照。

● 自分に合った仕事を選ぶ〜事務(秘書・営業事務)

常識的なマナーや気配りが評価される　　10 コミュニケーション能力

　営業事務では電話対応、秘書は直接対面して接客する場面が多いのですが、いずれも秘書検定試験で問われるような常識的なマナー、美しい言葉遣いが必須。相手の言葉をきちんと理解し、多少いじわるな質問にも気転を利かせて返答するなどの臨機応変さも求められます。

　忙しい上司や営業担当者が仕事をしやすいように、わかりやすいメモを残す、優先順位の高い順から説明するなどの気配りも大切です。

サポートする相手に最適な対応をする　　08 適応力

　「誰に何をどのように伝えればよいか」と判断しなくてはならない場面が多い仕事です。会社・部署内の人間関係を把握する、顧客の名前を覚える、サポートする上司や営業担当者に合わせた対応をする、といったことがスムーズにできる適応力が高い人ほど向いています。

あらゆる分野にアンテナを張っておく　　05 向上心

　仕事の中身をより深く知ろう、同じミスを繰り返さないようにしようという向上心も、この仕事で求められます。ときには意見を求められることもあるので、その企業の業務全般についての基礎知識を持つとともに、同じ業界や業務内容についての新聞記事、雑誌、テレビなどには積極的に目を通し、自分なりに分析・提案ができるようにしておくのがベストです。

クレームなどにも動じない強さを身につける　　02 忍耐力

　営業事務はクレームの電話を受けることもありますし、秘書は上司の立場を守るため人には話せないことも多く、誤解を受けることもあります。こうしたことも仕事の一つと考え対応する忍耐力が必要です。

語学が役立つ場面が多い　　28 専門知識・専門技術力

　語学力が求められる機会も多い仕事です。営業事務では、海外の事業所や企業の担当者からの電話に、英語で対応することもめずらしくありません。秘書業務では、トップに近い立場の上司につくほど語学力が必要な場面も増えてきます。語学が堪能でない上司の場合、通訳を兼ね、各所に同行する機会もあります。

第1部　適職分析、自分に合った業界選び・仕事選び

65

事務（総務・人事）

ココが魅力！
事務（総務・人事）

● 会社を支える「人」が働きやすい環境を整え、組織を活性化できる。

● 採用戦略、給与システムなど会社の将来を左右する仕事に携われる。

● 会社の「縁の下の力持ち」としてサポートできる充実感がある。

事務（総務・人事）ってどんな仕事？

　会社によってカバーする領域はまちまちですが、人事にまつわる書類作成・整理、給与や社会保険、退職金などの計算、福利厚生関連の手配、採用活動などを行うのが主な仕事。中小企業では経理・財務系の仕事も行ったり、役員の秘書業務、社内外への広報活動、法的業務などを担当する場合もあります。

　近年、年金制度の複雑化、リストラ問題、年俸制や成果主義の導入、フレックス制度や在宅勤務、契約社員の増加といった勤務体制の変化など、会社を取り巻く状況の転換期にあるため、人事・労務・年金の専門知識も求められています。より知識を高めようと、これらの分野のスペシャリストである社会保険労務士（社労士）などの資格取得を目指す人も少なくありません。

■事務（総務・人事）に求められる資質（特性）とは？

04	協調性
08	適応力
21	論理的思考力
09	規律遵守力
12	責任感

※各資質（特性）についての説明は、第2部144ページからを参照。

● 自分に合った仕事を選ぶ〜事務（総務・人事）

社員が快適に働ける環境を作る　　04 協調性

　給与や年金といった福利厚生の計算など、地道な仕事を確実にこなすことで社内が円滑に動き、組織が活性化することが、人事や労務という仕事の醍醐味ともいえます。

　会社のために「縁の下の力持ち」を買って出る、愛社精神やチームワーク能力が必要です。

幅広い業務を着実にこなす　　08 適応力・21 論理的思考力

　備品の手配、管理から社内行事の取りしきりや連絡まで、業務が非常に多岐にわたります。そのため、どんな仕事も受け入れ、自ら勉強して対応していく柔軟性があることが望まれます。

　さらに、各部署の社員と幅広く関わる仕事のため、誰からも頼りとされる存在になるべく努めていくことが必要となります。

　また、数字を伴う書類作成なども多く、さまざまな仕事を同時にこなしていかなければならないため、物事を直感ではなく論理的に判断し、一つひとつ確実にこなしていく力が求められます。

強い倫理観が徹底した情報管理を実現する　　09 規律遵守力

　社内の人事、社員の給与や職歴などの社内情報や、採用活動などにまつわる外部情報といった個人情報が集まる部署のため、守秘義務を保つモラルが最も必要とされる仕事です。

　また、外部との窓口的な役割や、社員などの冠婚葬祭に関わる業務も多いため、それに伴うマナーも求められます。

会社の顔として言動には責任を持つ　　12 責任感

　採用では、人事計画の立案に始まり受験者データの管理や求人広告などの企画・制作、受験者・内定者へのフォローなど、会社の将来を左右する大切な仕事を担当します。

　自分の一言が会社を代表し、優秀な人材を集めるキーとなるため、自分の言動に責任を持てる人にこそふさわしい仕事です。

第1部　適職分析、自分に合った業界選び・仕事選び

67

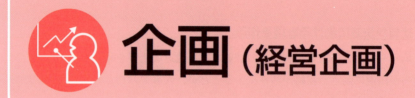

企画（経営企画）

ココが魅力！ ……………………………………… 企画（経営企画）

- 営業戦略、事業計画など会社の活動の柱となる部分に関われる。
- 経営陣と現場の間に立ち、会社のベストな進路を導き出していける。
- 会社の中枢として責任ある仕事に直接携われる。

企画（経営企画）ってどんな仕事？

　経営企画は、財務部門と連携して営業戦略から予算計画、業務改革、会社戦略までを立案・遂行し、経営トップをサポートする仕事です。

　具体的には、トップが出席する会議の運営を行うほか、決算を毎月掌握し、社内の各部署からの報告をもとに、会社の経営状態を分析するなどの業務を行います。会議での決定事項などを社内にアナウンスするのも、経営企画の役割です。

　ベンチャー企業では、新しいビジネスモデルを広めるためのプランニングなどを担当する部署として、経営企画部が置かれる場合もあります。

企画（経営企画）に求められる資質（特性）とは？

13	問題認識力
14	情報収集力
21	論理的思考力
23	先見力
29	経験値力

※各資質（特性）についての説明は、第2部144ページからを参照。

● 自分に合った仕事を選ぶ〜企画（経営企画）

自分に求められている役割を理解する　13 問題認識力

　顧客や経営サイドが事業計画に何を求めているのか、それを実現するために自分に求められている役割は何かを正確に把握できる力がないと、務まらない仕事です。

あらゆる分野にアンテナを張り、最新情報を入手する　14 情報収集力

　説得力のある予算計画や事業戦略を練るのに必要なのが、情報収集力です。例えば、世界で異常気象が起これば食物の価格に、原油価格が上がれば原材料費に影響が出ます。こうした世界情勢や経済の動き、同業他社の状況などにも目配りし、幅広くアンテナを張り巡らす力が求められます。

　商法や財務に関する最新の知識を、常に頭に入れておくことも大切です。

集めた情報から論理を組み立てる　21 論理的思考力

　経営トップに納得してもらう戦略を立てるには、会社を取り巻くあらゆる物事を筋道立てて整理・分析し、結論まで組み立てる力が必要となってきます。

　さまざまな知識やデータをもとに、自分なりの戦略を立て、その実現性を裏づける論拠を示す能力が求められます。

先を見越したリスクマネジメントも視野に入れる　23 先見力

　経営企画が扱う会社の事業（経営）計画は、長期（10年）、中期（3〜5年）、短期（3カ月〜1年）と、期間を区切ってプランニングしていくのが一般的です。そのため、計画を実行に移した場合の結果についても、きちんと想定できる力が求められています。特に、長期プランは、不確定要素を想定したリスクマネジメント的な発想も必要となってきます。

現場で経験を積むことから始まる　29 経験値力

　会社や業界の仕事を内側から深く理解していることが求められ、業務範囲も広いので、新卒で経営企画部門に配属されるのはまれです。

　営業や技術開発といった現場を経験することで見えてくる自社の強みや弱みは、事業計画の立案・遂行に役立ちます。

第1部　適職分析、自分に合った業界選び・仕事選び

69

企画（商品企画）

ココが魅力！　　　　　　　　　　　　　　　　　　　企画（商品企画）

- 一つの製品ができるまで、トータルにプロデュースできる。
- 自分の企画した製品がヒットすれば、多くの消費者に支持される。
- 「これを世に出したい」という熱い思いが、努力次第で結実する。

企画（商品企画）ってどんな仕事？

　会社によってカバーする範囲はさまざまですが、新商品や既存商品のリニューアルに携わる仕事です。

　各メーカーが主な活躍の場となりますが、商品を企画する際には外部に調査を依頼するだけでなく、自らがまず街に出てマーケティングを行っていきます。自分でキャッチした消費者のニーズに形を与え、コンセプトを固めていき、商品化までの企画を立て、試作品を作る研究者、広告を制作するデザイナーなどに自分のイメージを伝えていきます。営業部門にも、どういう売り方が効果的かという提案・指示も行います。

　一つの製品をトータルでプロデュースできるのが、この仕事の魅力です。

■企画（商品企画）に求められる資質（特性）とは？

11	積極性
26	リーダーシップ力
10	コミュニケーション能力
16	創造力
18	プレゼン力
03	継続力

※各資質（特性）についての説明は、第2部144ページからを参照。

● 自分に合った仕事を選ぶ〜企画（商品企画）

街へ出てどん欲に情報を集める　　　11 積極性

　マーケットを分析しニーズを把握するには、どんどん街に出て情報を収集し、周囲にも意見を求める積極性が大切です。例えば、主婦がターゲットとなる商品なら、毎日主婦と同じ時間帯にスーパーに行く、主婦が読んでいる雑誌に目を通す、といった行動を取ることで、商品企画のヒントを見つけることができるのです。

商品化を目指してチームを統率　26 リーダーシップ力・10 コミュニケーション能力

　商品企画担当者は新商品のイメージを誰よりも明確に持っている必要があります。企画したものを実際に形にしていくためには、社内外のさまざまな人の協力が必要です。一つのチームをまとめ、ほかの仕事も同時進行で手がけている研究者や営業担当者をいかにヤル気にさせ、新商品に力を注いでもらえるかどうかが成否を握ります。また、誰に実際の開発を依頼するのか、といった人選も重要になってきます。さらに「あの人が言うなら」と信頼してもらえる人望と、当初からのコンセプトと試作品に生じたブレをどう解消して商品化していくか、チーム内の意見を聞いてまとめていく力も必要です。

自分のイメージを周囲に伝えてカタチにしていく　16 創造力・18 プレゼン力

　ふとした思いつきが大ヒット商品につながることもあるだけに、ときには人に一歩先んじる発想力が必要とされる仕事です。自分のイメージを目に見えるものに置き換える力が求められます。一緒に仕事をする相手は、研究者、デザイナー、営業担当者など多岐にわたるため、相手によってどんな伝え方が最も伝わりやすいか、創意・工夫していかなければなりません。研究者には従来商品を引き合いに出し、より具体的に形などを伝える、デザイナーには自分のイメージに近いビジュアルイメージを用意する、販売担当者には具体的な数字を出して説得する、といった説得力のある伝え方の工夫が要求されます。

コンセプトとのズレを修正しつつ完成に導く　03 継続力

　自分の中のイメージが一発でほかの人に伝わることはまれです。新商品を成功に導くには、試作品や広告、販売戦略において、コンセプトとのズレが出たらそれを修正し、イメージに近づけていく粘り強さが求められているのです。

第1部　適職分析、自分に合った業界選び・仕事選び

71

広報（広報・宣伝）

ココが魅力！ .... 広報（広報・宣伝）

- 自社の状況や特長を客観的に把握し、多くの人々に的確に伝える。
- 消費者、株主、社員など目的に応じた広報・宣伝戦略が立案できる。
- 広告制作に関わり、クリエイティブの最前線にふれられる。

広報（広報・宣伝）ってどんな仕事？

　広報活動は、消費者やマスコミに向けた社外広報、社内報の作成などの社内広報、IR と呼ばれる投資家に対する広報と、主に 3 つに分けられます。

　宣伝は、この中の社外広報を専門的に行う部門。広告代理店に所属している場合は企業から依頼を受け、先方の担当者と話し合いながら広告物を制作します。メーカーの宣伝部に所属している場合は、自社製品や事業内容を広告代理店に説明し、一緒にプランニングして広告物ができ上がるまでの進行管理を担当します。広告物は、ポスターやチラシの制作、コピーの決定、新聞・雑誌・テレビ・ラジオ番組への情報提供、CM 制作など多彩です。会社により、カバーする業務範囲は異なります。

広報（広報・宣伝）に求められる資質（特性）とは？

14	情報収集力
10	コミュニケーション能力
19	交渉力
16	創造力
18	プレゼン力
15	プラス思考力

※各資質（特性）についての説明は、第2部144ページからを参照。

●自分に合った仕事を選ぶ〜広報（広報・宣伝）

広く情報を集め、一歩先を行く PR 活動を行う　14 情報収集力

　自社が PR する製品についてはもちろん、社会全体の流れ、業界内の動き、ファッションやカルチャーなどに精通し、常に「次の一手」を考える姿勢が必要。広告媒体の効果的な利用法に関する情報収集も必須です。

社内外の人たちと接し、意見調整を行っていく　10 コミュニケーション能力・19 交渉力

　制作部と組んで広告を制作したり、マスコミや投資家と折衝を行ったりと、社内外の人と接する機会が多いだけに、コミュニケーション能力は不可欠です。社外の人は広報・宣伝担当者を会社の代表と見なすので、それにふさわしいマナーや気配りも大切です。

　また、広告制作をしていくうえで、社内外の人たちの意見を調整していくのも大切な仕事の一つ。広告代理店の広報・宣伝だったら、相手企業の担当者の意向を実際に広告を制作するスタッフに伝えます。双方の主張が折り合わない場合は、両者に納得してもらえる落としどころを見つける力が求められます。

クリエイティビティを発揮して広告制作をリード　16 創造力

　広告を制作するスタッフと対等に話ができる、クリエイティブな能力が必要です。また、自社商品などを PR するのに、どの媒体でどんな広告で訴求するのが一番効果的かを考え、実際に各媒体へ働きかけるのも仕事のうちです。

相手を説得する材料を、前もって準備する　18 プレゼン力

　自分のプランや見通しを社内外の人や投資家に理解してもらうためのプレゼンテーション能力は、最も重要な要素の一つ。過去の広告を引き合いに出し具体的に説明したり、投資家からどのような質問を受けても明確に、しかも説得力を持って説明できる力がある人に適した仕事です。そのため、経営的センスを身につけた実務経験が求められることも多いです。

数字化しにくい仕事にも前向きに取り組む　15 プラス思考力

　営業担当者のように、なかなか目に見える成果が出にくいため、ときには広告・宣伝担当者自体の存在意義を問われることもあります。そんなときにも、自分の仕事を信じて頑張れるプラス思考力が求められます。

第1部　適職分析、自分に合った業界選び・仕事選び

技術（研究・開発）

ココが魅力！
.... 技術（研究・開発）

- 最先端の技術にふれながら基本技術を深めていける喜びがある。
- 近未来の社会を技術で支えているというやりがいがある。
- 日頃の研究が製品としてカタチになり世に出る達成感がある。

技術（研究・開発）ってどんな仕事？

　研究・開発職の仕事は、大まかに基礎研究と応用研究の2つに分けられます。基礎研究は、素材や原材料の研究が中心で、未知の機能や性質を追求します。化粧品メーカーで新製品の機能を研究したり、酒造メーカーで酵母の研究をしたりするのが、その一例です。

　これに対し、応用研究は技術開発とも呼ばれ、基礎研究の成果を利用して実用化を試みるほか、すでに実用化されている手法に違う角度からアプローチして、新たな利用法を見出す研究を指します。化学、IT、医療、電気、半導体など、さまざまな業種で応用研究が行われており、ICタグ、燃料電池など、最先端の研究に携わることも多くあります。

■技術（研究・開発）に求められる資質（特性）とは？

28	専門知識・専門技術力
05	向上心
11	積極性
04	協調性
10	コミュニケーション能力
08	適応力

※各資質（特性）についての説明は、第2部144ページからを参照。

● 自分に合った仕事を選ぶ〜技術（研究・開発）

専門性の高さが研究を成功に導く　　　28 専門知識・専門技術力

　より高い専門性が要求される仕事のため、大学や大学院の理工系学部で、希望する業種と同じ、もしくは関連している分野の研究をしているのがベストです。ただ、実験の手法や研究に対する考え方は、どの研究に携わってもそう違わないもの。未経験の分野でもチャレンジする価値はあります。

最新の知識を吸収し研究・開発へと結びつける　　　05 向上心

　最先端の研究・開発で他社としのぎを削るため、忙しい中でも国内外の論文や文献をチェックするなど、常に新しいことを吸収しようとする姿勢が求められます。また、基礎研究の場合は、特に商品としてのカタチが見えず、利用者のことを忘れがちになることもありますが、世間のニーズを探り当てようとする探究心も必要です。

未知の分野に率先して取り組む　　　11 積極性

　将来の実用化を目指して進められる基礎研究には、人が手をつけていない分野を切り開くフロンティアスピリットも重要になってきます。自分の研究所の施設だけでは満足のいく実験ができない場合は、つてをたどって条件のそろった研究施設を使わせてもらうなどの積極性が必要になってくる場合もあります。

研究の障壁となる問題点を話し合って解決していく　　04 協調性・10 コミュニケーション能力

　研究は、多くがチームを組んで行われます。そのため、自分とは異なる着眼点を持ったほかの研究者と意見を出し合って、共に研究を進めていくことができる、協調性が大切です。

　また、応用研究の場合は、商品企画や営業の担当者とのやりとりも生じてきます。相手のイメージ通りの製品に近づけるためには、より具体的なイメージを相手から引き出す会話力も要求されます。

目指すものをいかにカタチにしていくかが問われる　　　08 適応力

　研究を続けていく途中で、目指しているものと実験結果がズレてくることもあります。それを軌道修正しながらどう成果へと結びつけていくかが、研究者の腕の見せどころ。柔軟性の有無が、研究の成否を左右します。

第1部　適職分析、自分に合った業界選び・仕事選び

75

技術（製造・品質管理）

ココが魅力！ ……………………… 技術（製造・品質管理）

- 低コストで高効率な製造ラインのあり方を追究し会社に貢献できる。
- 製品という「ブランド」の最終チェック役としてのやりがいがある。
- 海外拠点での技術指導など、技術を通した国際貢献ができる。

技術（製造・品質管理）ってどんな仕事？

　生産・製造技術開発エンジニア、生産管理エンジニア、メンテナンスエンジニアなどに分けられます。

　生産・製造技術開発エンジニアは、メーカーなどで製品を製造するための技術を開発し、新たに生産ラインを構築する仕事です。

　生産管理エンジニアは、工場などの設備や機器がきちんと作動しているかの管理、トラブル対処などを担当します。

　メンテナンスエンジニアは、生産ラインの設備機器のメンテナンスを担当する技術者です。共に製造技術に対する知識が必須なので、多くは技術職として経験を積んだ人が担当します。

技術（製造・品質管理）に求められる資質（特性）とは？

13	問題認識力
11	積極性
28	専門知識・専門技術力
10	コミュニケーション能力
26	リーダーシップ力

※各資質（特性）についての説明は、第2部144ページからを参照。

● 自分に合った仕事を選ぶ～技術（製造・品質管理）

効率化を阻む問題点を正確につかむ　　13 問題認識力・11 積極性

　生産ラインの効率化は、多くの企業の命題です。そのため、どうしたらより効率良いラインに改善できるかという提案が求められています。それには、些細な部分に気づく着眼点の鋭さ、問題点を的確に把握する力が必要とされてきます。

　また、競争の激しい分野だけに、生産の省コスト化、省エネルギー化、迅速化を頭に置き、対応していく積極性が不可欠です。

製品のすべてに精通し効率化を図る　　28 専門知識・専門技術力

　生産ラインに携わるからには、製品そのものの特性、製造工程、生産技術などに人一倍精通していることも重要です。メンテナンスエンジニアは、業種によってはボイラー技士、危険物取扱者などの資格取得が必要になる場合もあります。

　また、近年、海外に現地法人の工場を設立したり、生産拠点を海外に移したりする企業も増えています。語学力があれば、現地の工場で生産管理などの責任者として活躍することも可能です。

的を射た説明が安定操業を実現する　　10 コミュニケーション能力

　工場で製造に携わる人たちに、わかりやすく作業内容を伝えたり、トラブルの原因を説明したりするために、コミュニケーション能力は欠かせません。

　誤解を生まないよう的確に説明することで、安定してトラブルのない操業を行うことができるのです。

きめ細かい目配りが能率を向上させる　　26 リーダーシップ力

　現場の仕事は、理屈ばかりではうまくいかないことも多々あります。言われた通りに作業ができないのは、能力のせいではなく、作業場所の環境が悪い、悩みがある、といった理由があるかもしれません。そういった事情を汲み取る力、またそれに合わせて柔軟な指導のできる力が、この仕事には欠かせません。

　何かトラブルが起きたとき、即座に対処できる決断力も必要です。

サービス（接客・販売）

ココが魅力！ ……………………………… サービス（接客・販売）

- 細やかな心配りとサービスで顧客からの信頼を得られる。
- 店舗のアレンジや品揃え、販促活動など幅広い仕事を経験できる。
- 自らの創意工夫次第で、売上を伸ばすことができる。

サービス（接客・販売）ってどんな仕事？

　サービス業は、目に見えないサービスを売る仕事と、顧客に接しながらモノを売る仕事の2つに大別されます。

　前者は、ホテルマン・ウーマン、グランドホステス、フライトアテンダント、ツアーコンダクター、ブライダルコーディネーター、アミューズメント施設のスタッフなどが代表的です。後者には、スーパーや百貨店、専門店・量販店、ディーラーなどの販売スタッフや外食店でのフロアスタッフなどが当てはまります。

　接客・販売はもちろんのこと、クレーム対応、伝票整理や検品などの事務処理、商品管理など、重要な裏方仕事もこなします。

サービス（接客・販売）に求められる資質（特性）とは？

01	体力
02	忍耐力
04	協調性
11	積極性
13	問題認識力
25	マネジメント力
30	奉仕精神

※各資質（特性）についての説明は、第2部144ページからを参照。

● 自分に合った仕事を選ぶ～サービス（接客・販売）

健康管理に気を配り、立ち仕事に備える　01 体力・02 忍耐力

　サービス業では立ち仕事が多かったり、不規則な勤務時間になったりすることもあります。そのため、体力必須の仕事ともいえます。伝票整理や検品などの事務処理、商品管理など、地道な裏方仕事も多く、これらをきっちりこなす几帳面さ、お客様からのクレームにも対応できる忍耐力も大切です。

自分の仕事だけでなく全体を視野に入れて行動する　04 協調性

　何人かで一つの場所を受け持つ接客・販売の仕事は、連携プレーが求められます。販売職だったら接客中以外のときはレジ打ちを率先して行うなど、全体の中で自分がどう動けばいいのかを常に考える必要があります。

前向きな姿勢が売り場に活気をもたらす　11 積極性

　店や会社の顔となる職種のため、明るく意欲的な人柄、突発的なトラブルにも慌てず対処できる機転が求められます。また、オリジナリティがある接客・販売方法を編み出し、それを実践するチャレンジ精神が大切です。

顧客の要望を汲み取り、より良いサービスにつなげる　13 問題認識力

　顧客に一番近い職種のため、日々の仕事の中からニーズをキャッチして、商品企画や営業の担当者にフィードバックできる力や、サービスに対する顧客満足度を推測していく力が必要となってきます。

「ヒト」「モノ」を管理し売上アップを図る　25 マネジメント力

　部下やアルバイト・パートといった「ヒト」の管理のほか、商品を扱う場合には「モノ」も管理していくことになります。職場の雰囲気を盛り上げる、能力に応じた人員配置をする、売れ筋を把握して必要以上の在庫を抱えないなど、より効率的に売上を上げる工夫が求められていきます。

顧客の喜びを通して自分も喜びを得られる　30 奉仕精神

　うわべだけの接客は、顧客にすぐ見抜かれてしまいます。心から人の役に立つことが好きで、人の喜びを自分の喜びにできる価値観や感性を備えている人に向いた仕事といえるでしょう。

第1部　適職分析、自分に合った業界選び・仕事選び

79

制作（ディレクター）

ココが魅力！ ··· 制作（ディレクター）

- 現場の「監督」として、制作全体を統括するやりがいがある。
- 一つのアイデアを具体的なカタチにしていく醍醐味がある。
- クリエイティブスタッフ、顧客との信頼関係でモノ作りできる。

制作（ディレクター）ってどんな仕事？

　ひとくちにディレクターと言っても、さまざまな業種があります。書籍や雑誌の企画を立てライターやデザイナーにディレクションを行う編集者、デザインに関する指示を行うアートディレクター、レコーディングの現場を取り仕切るレコーディングディレクター、Webサイトの設計に携わるWebディレクターのほか、映画監督、舞台やテレビ、コンサートの演出家などが代表的です。

　制作物を作るに当たって直接指揮を取り、仕上がりのクオリティーにまで責任を持ちます。全体の方向性をコントロールしながら、自分もしくはクライアントの思いをいかにカタチにするかが勝負の仕事です。

■制作（ディレクター）に求められる資質（特性）とは？

16	創造力
14	情報収集力
26	リーダーシップ力
10	コミュニケーション能力
20	ピンチ対処力
02	忍耐力

※各資質（特性）についての説明は、第2部144ページからを参照。

● 自分に合った仕事を選ぶ〜制作（ディレクター）

奇抜さよりも切り口の面白さで勝負する　16 創造力・14 情報収集力

奇をてらったアイデアよりも、普段よく目にする言葉やモノを、「そんな手があったのか！」という斬新な切り口で提案できる発想力がものをいいます。

日頃から常にまわりのさまざまなものにアンテナを張り、企画のタネとなるようなものを発見していくための情報収集力も欠かせません。特に企画を打ち出していく際には、どれだけ企画のタネが入った引き出しを持っているかで、コンセプトも方向性も大きく変わってきます。

制作物の方向性を示す　26 リーダーシップ力

ディレクターは、一つの制作物を作るために、多くの人の意思統一を図らなければなりません。クライアント、社内外の制作スタッフ、それぞれの立場に合わせてわかりやすく自分の考えを伝え、現場に浸透させる指導力が不可欠です。

ディレクターの人柄が現場の雰囲気を左右する　10 コミュニケーション能力

現場の雰囲気は、ディレクターのキャラクターに左右されます。ときには共に考え、アイデアを出すなど、みんなが仕事をしやすい雰囲気を作るなどの気配りができる人が歓迎されます。また、それが結果としていい制作物を完成させることになるのです。

柔軟な思考で突発的なトラブルを切り抜ける　20 ピンチ対処力・02 忍耐力

企画が進行していく間には、コンセプトの再考、細部の変更は日常茶飯事です。予算が思うように取れなかったり、あてにしていたスタッフがそろわなかったり、突発的な要因でスケジュールが大幅にくるったりと、想定外の事態が生じた場合にも、それを解決するべく新たな方針を冷静に打ち出せる柔軟性が要求されます。

また、制作物をイメージに近づけるため、もしくはクライアントの意向により、スタッフにやり直してもらう場面も多々出てきます。そんなときも、指示を出したらスタッフをプロとして信用して任せることや、どんな困難な状況になっても投げ出さない忍耐力が求められています。

第1部 適職分析、自分に合った業界選び・仕事選び

制作（文章系）

ココが魅力！
制作（文章系）

- 企画テーマや書きたいことに対して、とことん取り組める。
- 感じたこと、伝えたいことを、自分の感性で文章表現できる。
- 取材や情報収集活動などを通して、多くの人たちと知り合える。

制作（文章系）ってどんな仕事？

新聞や専門誌の記者、雑誌の記事や書籍の文章を執筆するライター、ドラマや映画などの脚本を書くシナリオライター、広告のコピーを考えるコピーライター、社会的な問題を追いかけるジャーナリスト、Webサイトが上位に表示されるよう配慮して文章を書くSEOライターなど、実にさまざまです。

どの仕事も、クライアントから仕事を受け、取材、執筆、校正などをこなす点では共通しています。ときには自身で企画を持ち込んだり、企画段階から携わったりすることもあります。新聞社や出版社、広告代理店などで経験を積んだ後で独立する人が多いのも、この仕事の特徴です。

制作（文章系）に求められる資質（特性）とは？

17	文章力
24	企画力
14	情報収集力
06	度胸
11	積極性
27	人脈創造力
19	交渉力

※各資質（特性）についての説明は、第2部144ページからを参照。

● 自分に合った仕事を選ぶ〜制作（文章系）

わかりやすく共感を呼ぶライティングを心がける　17 文章力

　この仕事で求められるのは、初めて目を通した人が一読してすぐ理解できる、わかりやすい文章が書けることです。同時に、読んだ人に共感を与えられる文章を書くことも大切です。掲載物（新聞、雑誌、書籍など）の性質、読者層、印刷物かインターネットかなどという媒体の違いなどを考慮して、対象に合わせて書き分ける力も必要になってきます。

常に自分なりの切り口を提案していく　24 企画力・14 情報収集力

　テーマを絞ってライティングを依頼された場合でも、いかに付加価値が出せるかで差がついてくるものです。頼まれたことをきっちりこなすだけでなく、自分ならではの切り口で、一味違った内容にできるような企画力が求められます。アンテナを広く張り、使える情報を集めていく力も必要です。

取材相手に思い切りぶつかってみる　06 度胸・11 積極性

　この仕事では、「ダメでもともと」ということに、いかにチャレンジできるか、という度胸が問われます。取材嫌いで有名な人にアプローチしてみる、ほかの人があえて避けている質問をぶつけてみる、といったことで思いがけない話を引き出せることもあるからです。また、調べたいことがあれば、積極的に電話をかける、人に会いに行く、といったフットワークの軽さも大切です。そこに新しい企画や執筆のヒントが隠されていることもあるからです。

地道な人脈作りが良い仕事につながる　27 人脈創造力

　出会った人とは、メールや書状などでつながりを保っておくなどのまめさも重要な要素となってきます。企画のヒントがほしいときや人を紹介してほしい場合など、人脈をいかに活用できるかが勝負となる場合も多くあります。

取材・執筆には駆け引きがつきもの　19 交渉力

　良い記事、良い脚本を書くには、交渉力が不可欠です。新聞や雑誌の記者であれば、取材相手との駆け引き、シナリオライターであれば、ほかの部分は直してもいいけれどこのセリフは絶対変えたくない、というプロデューサーとの心理戦などがつきものです。

第1部　適職分析、自分に合った業界選び・仕事選び

83

制作（デザイン系）

ココが魅力！
制作（デザイン系）

- 表現コンセプトに自分の感性を加えベストなデザインを作り上げる。
- 自分がデザインした作品を書店や街頭などで広く知ってもらえる。
- 常にアートの先端の世界にふれられ、感性を磨くことができる。

制作（デザイン系）ってどんな仕事？

　　所属しているのが広告代理店か、出版社か、デザイン事務所かによって多少の違いはありますが、基本的にはクライアントのコンセプトと自分のセンスを活かして実際のデザインをつくり上げていく仕事です。

　　広告やポスター、CD ジャケット、企業のノベルティグッズなどをデザインするグラフィックデザイナー、雑誌などを編集的な視点から美しくかつ読みやすくデザインするエディトリアルデザイナー、本の装丁を担当する装丁家、ネット媒体のデザインを担当する Web デザイナーなど、扱う媒体で呼び方が変わったり、デザインの統括責任者となるデザイナーをアートディレクターと呼ぶ場合もあります。また、デザイナーが指定した通りに文字や写真をレイアウトする DTP オペレーターという仕事も増えてきています。

■ 制作（デザイン系）に求められる資質（特性）とは？

16	創造力
05	向上心
10	コミュニケーション能力
08	適応力
18	プレゼン力

※各資質（特性）についての説明は、第2部144ページからを参照。

84

● 自分に合った仕事を選ぶ～制作（デザイン系）

自分らしさと時代に合ったセンスを盛り込んでいく　16 創造力

　同じテーマを与えられても、それをどうデザインに落とし込んでいくかにデザイナーの個性は発揮されます。クライアントの要求に応えつつ、訴求ターゲットや表現コンセプトはしっかり押さえながらも、自分のカラーを出していく。そこには、時代の息遣いを感じさせるデザインセンスが求められます。

　日頃から、いかに多くのアートにふれているかがものをいう仕事でもあります。

仕事のヒントになる情報にふれ、感性や知識を磨く　05 向上心

　国内外の雑誌やさまざまなアートを見て、そこからヒントを得て自分の作品の糧としていくような向上心が欠かせない仕事です。

　同時に、そういったデザインを実現してくれる、新しいソフトやマシン、印刷などの技術に関する最新の知識も必須です。

クライアントの要求を正確に汲み取っていく　10 コミュニケーション能力・08 適応力

　デザイナーにはセンスはもちろんのこと、クライアントの要求を正確に汲み取る力が求められています。単に美しいデザインをすればいい訳ではなく、訴えたい事柄を対象者に合わせて、より効果的にアピールできるデザインを考えることが大切です。

　また、自分なりのこだわりと、クライアントの要求とのバランスを上手に計っていくことも必要とされてきます。ときには妥協することもあります。そんな場面でも自分をコントロールできる適応力も重要です。

デザインが持つ効果を具体的に説明していく　18 プレゼン力

　デザインはビジネスです。したがって、そのデザインがどのような効果をもたらすのか、クライアントを納得させられるプレゼン力がないと、どんなに優れたデザインでもむだになってしまいます。

　「トレンドに敏感な若い女性がターゲットだから、流行色を使った」「アンケートの結果、30代男性に一番支持されたフォント（字体）で組んだ」など、マーケティング要素を含んだ情報や自分の実感を織り交ぜながら訴えかける力が必要です。

第1部　適職分析、自分に合った業界選び・仕事選び

情報（SE・プログラマー）

`10→A`
`11→B`

ココが魅力！
情報（SE・プログラマー）

● 自分が設計したプログラムで顧客の課題を解決できる。

● 情報処理系の資格を取得するなどして自らの技術を磨ける。

● SE になればプロジェクトリーダーとしてチームを牽引できる。

情報（SE・プログラマー）ってどんな仕事？

　SE（システムエンジニア）とは、クライアントの要望に沿ったコンピュータシステムを構築していく仕事。まず、クライアントの要望や予算などをもとにシステム化する対象を分析します。実際にシステムを利用するのは誰か、情報更新の頻度はどれくらいか、もとからあるシステムとリンクさせていくのかなど、あらゆる角度から見ていきます。また、どんな開発環境で行うのかなどを決め、システムを設計していきます。

　プログラマーは、SE が作ったシステム設計のプログラムを作成する仕事です。すでに完成しているプログラムの書き換えやメンテナンス、プログラムしたシステムが作動するかの確認、不具合の原因を追究する作業なども行います。

情報（SE・プログラマー）に求められる資質（特性）とは？

01	体力
05	向上心
10	コミュニケーション能力
04	協調性
21	論理的思考力

※各資質（特性）についての説明は、第2部144ページからを参照。

● 自分に合った仕事を選ぶ〜情報（SE・プログラマー）

納期などの関係で想像以上に体力を使う　｜ 01 体力

　デスクワークのイメージがあるため、体力とは関係ないと受け取られがちですが、短い期間で開発しなければならない、想定していたようにプログラムが動かない、といったこともあり、徹夜での作業が続くこともしばしばです。

資格取得や最新情報などの吸収が日々の仕事の糧となる　｜ 05 向上心

　クライアントに、より使いやすいシステムを提案するためには、新しいプログラム言語など最新情報に精通していることが大切です。そのため、情報を集めていくなどの向上心が求められます。また、プログラミング言語や設計手順などは実務の中でスキルアップしていくものですが、情報処理系の資格なども取得していくことが、クライアントの信頼にもつながっていきます。

業務内容とチーム内での自分の位置づけを理解する　｜ 10 コミュニケーション能力・04 協調性

　クライアントの要望に基づいてシステムを設計していくため、業務内容をきちんと理解することから仕事は始まります。そのため、コミュニケーション能力がとても大切です。文系出身者を SE として採用する企業が増えているのも、クライアントとの折衝力、クライアントの業務内容や業界に関する知識、クライアントの目線で考えることができる力に期待しているからです。

　また、システム設計や開発は基本的にチームで行われ、開発リーダーを中心に各部分ごとに分かれてプログラミングしていくことがほとんどです。全体の中で自分がどんな部分を受け持っているのか、またチームの中での自分の位置づけを理解し、互いに助け合いながら働けるチームワーク力のある人が望まれます。

筋道立ててトラブルの原因と解決法を説明する　｜ 21 論理的思考力

　トラブルが起きたときなどは、クライアントやチームの仲間にその原因と解決策を説明しなければならない場合もあります。その際には、問題の根本原因の特定、解決の方法、それに必要な工程と期間を筋道立てて示さなければなりません。

　段階を追って物事を論理的に組み立てる能力が求められるのは必然です。

情報（システムコンサルタント）

ココが魅力！
情報（システムコンサルタント）

● 顧客の経営戦略を主にシステム設計の面からサポートできる。

● 仕事を通してさまざまな業界の業務の特長を知ることができる。

● 技術＋経営センスが要求され、ハードルは高いがやりがいも大きい。

情報（システムコンサルタント）ってどんな仕事？

　システムコンサルタントも、SE同様にクライアントの要望に応じてシステム設計を行う仕事ですが、経営戦略の一環としてそのクライアントに適切な情報システムを企画、立案していくことが求められます。実際にそれが経営にどう影響を与えるかを予測し、クライアントの業務内容の分析や問題点の改善提案なども行っていきます。経営的なセンスと専門的なシステム設計の技術、この両方が必要な仕事です。

　活躍の場は、シンクタンク、コンサルティングファーム、SIベンダーなど。情報システム全体の分析、クライアントとの折衝力、社内メンバーの管理など、幅広い役割を担います。

情報（システムコンサルタント）に求められる資質（特性）とは？

04	協調性
10	コミュニケーション能力
05	向上心
21	論理的思考力
25	マネジメント力
29	経験値力

※各資質（特性）についての説明は、第2部144ページからを参照。

● 自分に合った仕事を選ぶ～情報（システムコンサルタント）

チームワークの重視が円滑に仕事を進めるカギとなる　04 協調性・10 コミュニケーション能力

　システムコンサルタントは、SE やプログラマー、社外の協力会社などとチームで仕事をするため、協調性は欠かせません。仕事が成功したときも、「チーム全体の力」ととらえられるような考え方ができる人材が望まれます。

　また、クライアントの立場に立ってわかりやすく説明するのはもちろん、互いの意識や認識にズレが生じないよう、正確に相手と意思疎通が図れる力が求められます。

世の中全体の動きに目配りしていく　05 向上心

　システムに関することだけでなく、常に新しいビジネスモデルや IT 全体の最新情報を仕入れ、クライアントに提案していくことが求められています。そのため、自ら学び、吸収していく向上心は不可欠です。

問題点の原因と解決策を筋道を立てて提示する　21 論理的思考力

　クライアントの業務内容の問題点を指摘し、その改善策を提案していくためには、納得してもらえるように筋道を示さなければなりません。また、何らかのトラブルが発生した場合、原因を分析して解決策を出していくような場面も多々あります。こうした論理的思考力が常に求められる仕事です。

プロジェクトメンバーを束ねて成功へと導く　25 マネジメント力

　プロジェクトをまとめる立場となることが多いため、方向性をしっかりと打ち出し、メンバーのモチベーションを上げつつ納期に間に合うようコントロールできる能力が求められます。

着実に仕事を積み上げていけばステップアップできる　29 経験値力

　専門分野の技術知識はもちろん、企画力や折衝力も求められる難易度の高い仕事なので、SE としての実務経験などが必要となります。現場で多くのクライアント企業の実務内容や業務フローなどを深く理解し、分析したうえで業務に当たっていた経験が、コンサルティングで役立ちます。

　したがって、一般的に新卒でこの仕事に就くことはありませんが、将来的にステップアップしていくことは可能です。

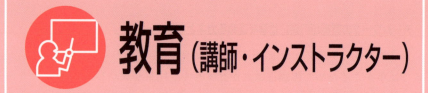

ココが魅力！
教育（講師・インストラクター）

- 自分の得意分野を活かして生徒を指導し、目標を達成させる。
- 教科指導のほか、学習計画の立案など教室運営業務も魅力。
- 指導した生徒が期待に応えてくれたときの喜びは格別。

教育（講師・インストラクター）ってどんな仕事？

小中高生を教える塾や予備校の講師、音楽教室などの習い事の講師、資格取得や英会話などの語学を教える専門学校やカルチャースクールの講師、スポーツレッスンのインストラクターなどがあります。

教える内容は大枠で決まっていますが、それをどのように教えていくかは講師次第。生徒の視点に立って指導計画を立て、理解度をチェックしながら授業を進めていきます。

塾の場合は、アルバイトから正社員になるケースも多く見られます。大手の専門学校や塾に就職した場合は、現場で教育を行う講師と、経営に携わる事務職に分かれるケースもあります。

教育（講師・インストラクター）に求められる資質（特性）とは？

11	積極性
12	責任感
09	規律遵守力
25	マネジメント力
26	リーダーシップ力
28	専門知識・専門技術力

※各資質（特性）についての説明は、第2部144ページからを参照。

● 自分に合った仕事を選ぶ〜教育（講師・インストラクター）

熱い情熱が生徒のやる気を刺激する　　11 積極性

　講師には、志望校への合格やある学力レベルへの到達を目指す生徒に共感し、ゴールへと導ける情熱を持ち合わせていることが求められます。その情熱に生徒が応えてくれたときの喜びは何物にも代えがたいものがある、やりがいのある仕事です。

立場を自覚し責任あるふるまいを心がける　　12 責任感・09 規律遵守力

　生徒にとって講師の言葉は重く響くものです。自分の言動の影響力の大きさを自覚し、責任を持てる態度を取ることが大切です。

　また、講師という立場上で得た生徒の情報に関することはほかにもらさない、立場にふさわしい言葉遣いや行動を取るよう心がけるなど、規律遵守力も求められる仕事です。

生徒の様子に気を配り担当する教室の運営を行う　　25 マネジメント力

　教える人数の多少は各教室によって異なるものの、一つの教室の責任者としての立場に就くことに変わりはありません。生徒のようすを注意深く観察しながら指導計画を立てたり、生徒の状況に応じて変更したりする管理力、バランス感覚が求められます。

魅力的な人柄、確固たる指導力が生徒を集める　　26 リーダーシップ力

　良い講師がいる学校に生徒が集まることからもわかるように、講師は人気商売です。「○○先生に教わりたい」という指導力、人望を発揮できる人材が望まれます。

高い専門性で生徒の目的達成を応援する　　28 専門知識・専門技術力

　教える内容は、塾・予備校なら教科の勉強、専門学校なら簿記、会計、医療、福祉、音楽、美術、美容、料理、英会話など幅広いため、教える内容に精通していることが求められます。教員免許を持っていれば一つの強みになります。

　また、関連した業界で活躍していた、実務経験がある、といったことが採用条件になることもあります。

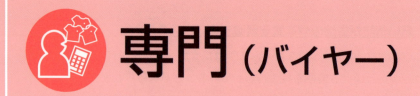

専門（バイヤー）

ココが魅力！　　　　　　　　　　　　　　　　　　専門（バイヤー）

- 自分が仕入れた商品をヒットさせ、新しいトレンドを作れる。
- 仕入れコストを抑制することで、会社の収益に貢献できる。
- 販売プランを立てるなど、プランナーとしての能力も発揮できる。

専門（バイヤー）ってどんな仕事？

　バイヤーとは、モノを買いつけ、仕入れる仕事です。扱う商品は、アパレルなら洋服や雑貨、メーカーならパソコンや家電に必要な半導体、家電量販店なら家電、商社なら資材や資源、食品メーカーなら商品に使う食材など、多岐にわたります。

　どの業種でも、消費者のニーズを察知し、できるだけ安く仕入れる、必要なときに必要な数を仕入れられるよう手配するという点でほぼ共通していますが、求められる資質は業種によって多少異なります。

　中には、消費者により近い立場を活用し、仕入先に新製品や従来商品の改善プランを提案し、共同でモノ作りに関わるバイヤーもいます。

専門（バイヤー）に求められる資質（特性）とは？

14	情報収集力
23	先見力
21	論理的思考力
19	交渉力
10	コミュニケーション能力
28	専門知識・専門技術力

※各資質（特性）についての説明は、第2部144ページからを参照。

● 自分に合った仕事を選ぶ〜専門（バイヤー）

直感や感性を活かして売れる商品を探り当てる　14 情報収集力・23 先見力

常により良い仕入先を探し求める情報収集力が求められます。扱うのが海外製品の場合は、外貨の動きや海外情勢にも注目する必要があります。

また、商品がブームになってから仕入れるのでは遅すぎる場合もあるため、「これが売れそうだ」という直感と、消費者ニーズを読み取る一歩先を行く感性も必要とされる仕事です。

上司や仕入先に数字の根拠を説明する　21 論理的思考力

大量生産される商品や資材を仕入れる場合、どこからいくらでどれくらい仕入れるかで、会社の利益が大きく変わってきます。そのため、仕入先の担当者と価格交渉する際は、なぜその商品をその値段と量で仕入れる必要があるのか、上司にはなぜその商品でなければならないのかを説明しなければならないため、論理的思考力が求められてきます。

また、その商品の市場規模や会社における位置づけ、今後の販売戦略などを頭に入れておくことも当然となってきます。

駆け引きが会社に利益をもたらす　19 交渉力・10 コミュニケーション能力

仕入れ値を低く抑えることは、会社の利益に直結します。そのため、価格低減の要求や、同じ製品を扱う複数の社に見積りを出してもらって価格交渉するなど、駆け引きができる力が求められます。

また、良い品を優先的に売ってもらうためには、仕入先と良好なビジネス関係を築けるコミュニケーション能力も必要です。

知識を活かして質の良い商品を仕入れる　28 専門知識・専門技術力

仕入れる商品の善しあしを見極める目を持つことも求められる仕事です。そのため、例えばこの洋服に使われている素材にはどんな特性があり、他社の商品と比べてどこが優れているのかなど、扱うものについての知識が必要とされてきます。

また、海外で現地の業者と交渉していくことも仕入れるものによっては出てくるので、語学力が必要となる場合もあります。

第1部　適職分析、自分に合った業界選び・仕事選び

専門（証券アナリスト・ファンドマネジャー）

ココが魅力！　……… 専門（証券アナリスト・ファンドマネジャー）

- 市場をにらみながら的確な投資アドバイスで顧客満足を高められる。
- 先々を見越したファンドの運用で着実に利益貢献できる。
- 実力を証明するため資格試験への挑戦もできる。

専門（証券アナリスト・ファンドマネジャー）ってどんな仕事？

　証券アナリストは、証券会社やシンクタンクなどに属し、証券分析やポートフォリオ（投資配分）の設計、投資のアドバイスといった仕事をします。これまでは、個別証券の分析などを行うリサーチアナリストが多くを占めていましたが、最近では市場のグローバル化などにより、マーケットアナリスト、投資アドバイザーのような、専門を特化したアナリストも増えています。

　一方、投資信託会社、年金を運用する生命保険会社・信託銀行などに所属しているのが、ファンドマネジャーです。アナリストからの情報をもとに、投資家から集めた投資信託や年金などの資金（ファンド）を運用します。投資方針や今後の展開を投資家に説明する役割も担っています。

■専門（証券アナリスト・ファンドマネジャー）に求められる資質（特性）とは？

04	協調性
05	向上心
14	情報収集力
21	論理的思考力
23	先見力
28	専門知識・専門技術力

※各資質（特性）についての説明は、第2部144ページからを参照。

● 自分に合った仕事を選ぶ～専門（証券アナリスト・ファンドマネジャー）

チームで仕事をしていることを念頭に置く　04 協調性

　証券アナリストやファンドマネジャーというと、一人で何役もこなしているようなイメージがあります。しかし、実際は証券アナリストらが集めた情報をもとにファンドマネジャーが意思決定を行い、有価証券を売買する部門に指示を出す、といったように他部門の人と協力しながら仕事を進めているため、チームワークが欠かせません。

企業の実情などを探るため、幅広い知識を吸収していく　05 向上心

　情報収集のため、企業の経営者などと会って企業の実態を調査する機会も多い仕事ですが、分析を行うには多方面から判断できるように幅広い知識が必要とされます。そのため、常に知識を吸収し続ける向上心と探究心が求められます。

　また、市場の自由化、規制緩和、国際会計基準への移行など、金融界を取り巻く環境の変化についていけるよう自ら学ぶ姿勢が不可欠です。

現実に即した情報を分析し論理を構築する　14 情報収集力・21 論理的思考力

　的確な分析を行うには、リアルな情報を集める力が求められます。該当する企業の財務諸表、原材料の調達から製品化までの流れ、業界内外他社との比較、市場動向や実際の需要など、あらゆる側面から情報収集していきます。

　また、収集・分析した情報をレポートにまとめたり、運用状況の説明を投資家に行うこともあります。億単位の資金が動くことも多い仕事だけに、分析結果を論理的に組み立てていくことが求められていきます。

将来の経済情勢や企業の業績を予測する　23 先見力

　実際の投資は、2、3年、ときには5年以上の長いスパンで行われることが多いので、経済や企業の将来を見通す力が求められます。

アナリストの検定試験合格は実力の証明になる　28 専門知識・専門技術力

　証券アナリストとして活躍するのに本来資格は不要ですが、日本証券アナリスト協会の検定試験に合格していることが一定レベルの実力の証明となることが多いです。ファンドマネジャーは、経済全体の流れをつかむ大局的な視野が必要なため、エコノミストやアナリストなどを経るのが一般的です。

第1部　適職分析、自分に合った業界選び・仕事選び

95

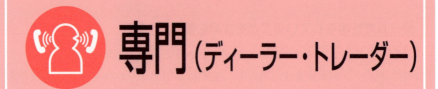

専門（ディーラー・トレーダー）

ココが魅力！　　　　　　　　　　　　専門（ディーラー・トレーダー）

- 瞬時に何億円ものお金を、自分の判断で動かす魅力がある。
- 変化する世界の政治、経済情勢の動きと常に関わっていられる。
- 顧客の大切な資金を預かる責任感と使命感を味わえる。

専門（ディーラー・トレーダー）ってどんな仕事？

　顧客から預かった証券の買い入れ・売却を行い、利益を得る仕事です。ディーラーとトレーダーはほぼ同義。外貨を売買する外国為替ディーラー、債券を売買する（ボンド）ディーラーなど、扱うものによって呼び名はさまざまです。世界情勢や経済ニュース、商品の取引価格などを映すモニターが置かれたディーリングルームで、リアルタイムの情報をもとに、先を読みながら通貨の交換を行います。

　ハイリスク・ハイリターンな職種の代表であり、ほんの数秒のうちに億単位の損得が発生することもめずらしくありません。仕事の結果が瞬時に判明して収入に反映される、刺激的な仕事です。

専門（ディーラー・トレーダー）に求められる資質（特性）とは？

02	忍耐力
06	度胸
14	情報収集力
21	論理的思考
22	計数感覚

※各資質（特性）についての説明は、第2部144ページからを参照。

●自分に合った仕事を選ぶ〜専門（ディーラー・トレーダー）

大きな精神的負荷に耐え、ハイリターンを得る　02 忍耐力

　相場の動きに伴って、瞬時に何億円もの損得が出る仕事なだけに、大きなストレスがかかります。それに耐えられるメンタル面での強さが必要とされてくる仕事です。

リスクを取れる勇気が、優秀なディーラーを作る　06 度胸

　ディーラーに必要なのは、慎重さと果敢さです。慎重さは経験で学ぶこともできますが、リスクを取れる果敢さは生来の性格が大きく影響します。

　ここぞというときに思い切った決断ができる度胸のある人にこそ向く仕事といえるでしょう。

情報を自分なりに分析し、独自のノウハウを確立する　14 情報収集力・21 論理的思考

　ディーラーやトレーダーの世界は、「勝負勘が頼り」のようにいわれることもありますが、現実には運任せで大金を動かすことはできません。勘を養うにも、その根拠となる情報を集める力が必要です。世界の政治・経済情勢、マーケットの動きなど、あらゆる動向に日頃から注目し、自分なりに分析・研究する姿勢が求められます。

　また、その中で自分なりの売買ノウハウを論理的に組み立てていく力も求められています。その力があって初めて、適正な売買のタイミングとリスク軽減のルールを身につけることができるのです。このほか、対象となる会社の資産や収益状況、経営者の能力といった基礎的要因まで分析していくことが必要となります。

おおよその損失と利益を瞬時にはじき出す　22 計数感覚

　数字を大まかに把握し、瞬時に変化する値動きに合わせて損失と利益を常に頭の中で計算する力が必要です。こうした計数感覚に基づく状況把握が、いざというときにものを言うのです。

第1部　適職分析、自分に合った業界選び・仕事選び

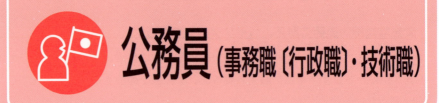

公務員（事務職〔行政職〕・技術職）

ココが魅力！　　　　　　　　　公務員（事務職〔行政職〕・技術職）

- 「国を動かしている」という充実感を味わえる。
- 国家プロジェクトに関わっていける。
- 国民のため、公共のためにつくすという誇りを持てる。

公務員（事務職〔行政職〕・技術職）ってどんな仕事？

　国家公務員の事務職は、各官庁の一般事務、国立国会図書館員、衆議院・参議院事務局員、裁判所事務官などが代表的です。地方公務員の事務職は、各都道府県や市区町村の役所での一般事務や、公立学校での事務のほか、病院や老人福祉施設などの運営に携わることもあります。

　国家公務員の技術職には、科学技術系の専門知識を活かして政策・プロジェクトの企画・立案・実施に携わる技術行政官、国立の試験研究機関などで研究に携わる研究公務員があります。地方公務員の技術職は、建築・土木や電気などの専門を持つ人材が求められることが多く、採用された自治体の都市計画や下水道事業、防災工事などに携わります。

■公務員（事務職〔行政職〕・技術職）に求められる資質（特性）とは？

30	奉仕精神
03	継続力
02	忍耐力
09	規律遵守力
21	論理的思考力
28	専門知識・専門技術力

※各資質（特性）についての説明は、第2部144ページからを参照。

● 自分に合った仕事を選ぶ〜公務員（事務職〔行政職〕・技術職）

税金を預かっていることを踏まえ、公共のためにつくす　30 奉仕精神

　公務員の仕事は一般的な企業とは異なり、直接利益を追求するものではありません。しかし、その仕事は国民や地域住民の税金でまかなわれているものです。税金を預かっているという意識を持ち、それをいかに有効に公益に結びつけていくかを考えなければなりません。

　公共のために奉仕するという姿勢を貫く必要があります。

一つひとつの仕事を確実にこなしていく　03 継続力・02 忍耐力

　事務系でも技術系でも、各種書類、報告書、企画書の作成など、デスクワークが多いため、地道な作業を確実にこなす持久力が必要です。また、役所の窓口などには苦情や難題が寄せられることもあります。ストレスがかかることも多い仕事ですが、それを乗り切る忍耐力も必要とされます。

モラル意識と公務員としての自覚を持つ　09 規律遵守力

　個人情報や機密事項にふれる機会も多いため、人並み以上の自律心が求められます。公務員には、人一倍厳しい視線が注がれていることを常に意識しなければなりません。マナーやモラルにも心を配る必要があります。

段取りのしかた一つで仕事がスピードアップする　21 論理的思考力

　業務が多岐にわたったり、多数の書類を同時に処理したりすることが多いため、段取りよく仕事を進めていくことが求められます。優先順位をつけて効率的に仕事を行える論理的思考力の有無が、仕事のスピードを左右します。

職種にかかわらず専門性を発揮する機会が多い　28 専門知識・専門技術力

　技術職はそれぞれの専門知識や技術を活かして仕事をしていくことになります。また、一般事務職でも各省庁や各課で福祉行政のスペシャリストのような立場で仕事をしていくことも少なくありません。

　知識と経験の積み重ねが必要とされる仕事でもあります。

第1部　適職分析、自分に合った業界選び・仕事選び

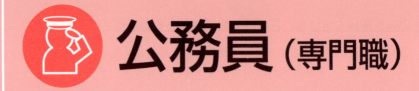

公務員（専門職）

ココが魅力！　　　　　　　　　　　　　　　　　　公務員（専門職）

- 自分の専門能力や知識を活かした仕事ができる。
- 高いモラルと責任感を持って仕事に取り組める。
- 国民、市民のため、あらゆる場面で貢献できる。

公務員（専門職）ってどんな仕事？

　公務員の中でも特に専門的な業務を行ったり、一定の資格・免許を必要とするのが、国家公務員の専門職、地方公務員の資格職と呼ばれる職種です。

　国家公務員の専門職には、警察官や消防官のほか、外国語の専門知識を活かせる外務省専門職員、税の調査・検査などを行う国税専門官、労働条件の改善や労働災害の防止を担当する労働基準監督官、少年事件の審判に必要な調査などを扱う家庭裁判所調査官、少年院などに勤務して少年らの社会復帰を手助けする法務教官などがあります。地方公務員の資格職には、栄養士、保育士、保健師、社会福祉士などがあります。

　自分の持つ専門性をフルに活用する形で、国民、市民のために働ける公益性の高い仕事です。

公務員（専門職）に求められる資質（特性）とは？

30	奉仕精神
09	規律遵守力
28	専門知識・専門技術力
04	協調性
01	体力

※各資質（特性）についての説明は、第2部144ページからを参照。

● 自分に合った仕事を選ぶ〜公務員（専門職）

税金でまかなわれている仕事をしていると自覚する　30 奉仕精神

　公務員の仕事は国民や地域住民の税金でまかなわれているものです。一般的な企業とは異なり、直接利益を追求するものではありません。税金を預かっているという意識を常に持ち、それをいかに有効に公益に結びつけていくかを考えなければなりません。

高いモラルを持ち公務員としての自覚を持つ　09 規律遵守力

　公務員には、人一倍厳しい視線が注がれています。それを意識し、個人情報や機密事項の扱いにも自律心を持って当たれる人材が望まれます。マナーやモラルにも心を配る必要があります。

より高い専門性を現場で効果的に活かしていく　28 専門知識・専門技術力

　専門職としての採用になるため、特にその分野に精通した知識を持っていることが最低条件となります。

　また、応用力も重要です。保育士のように、子どもと実際に接する現場で机上で学んだ知識をどう活かしていくかが問われる職種も多くあります。

自分とは違う立場の人の意見も尊重する　04 協調性

　例えば社会福祉士として児童養護施設に勤めたら、児童相談所や役所と連携する場面も出てきます。その分野の専門家として人を指導したり、意見を述べる立場になることもありますが、異なる立場の人とも協調を図って仕事を進めていく柔軟性が必要となってきます。

体調を管理しハードな勤務に備える　01 体力

　警察官、消防官などは、体調の善しあしが仕事の出来・不出来に直接結びつくこともあるため、健康管理には十分注意する必要があります。

　仕事自体がハードなのはもちろん、勤務時間も不規則なため、日頃からそれに耐えられる体力作りが欠かせません。

第1部　適職分析、自分に合った業界選び・仕事選び

企業研究の行い方
どのように行えばよいか

　同じ業界内でも、個々の企業によって社風や業績は異なりますし、待遇や勤務地なども違います。こうした企業の特徴は、主に次の資料で調べられます。(1) 各企業が用意している会社案内などの資料、および企業のホームページ (2) 就職情報会社がまとめる集合媒体、および就職情報サイト (3)『会社四季報』などの出版物。

　(1) の会社案内は、その企業に請求することで送られてきます。(2) は集合媒体、就職情報サイトとも、ほぼ同じ項目・デザインで多くの企業が載っているので、比較検討するのに役立ちます。(3) は業績などの客観データを調べる際に重宝するでしょう。

　忘れてならないのは、その企業で働く社員（OB・OG ら）に話を聞く、会社見学をして人事担当者から話を聞くという研究方法。実際にその企業で働く社員から話を聞いたり、社内のようすを観察したりすることで、ナマの情報が得られるでしょう（会社見学については 104 ページ、OB・OG 訪問については 106 ページを参照）。

企 業 研 究 の 方 法

　意識して日常生活を送っていれば、普段の生活の中にも企業研究のチャンスはたくさんあります。その例を、いくつか挙げてみます。

金　　融	○複数の銀行の支店に行ってみて、行員のようすやサービスを観察する。 ○保険の外交員が自宅を訪ねてきた際を利用し、社風などを聞いてみる。 ○証券各社の HP で、商品ラインナップや得意な分野を比較検討してみる。
商　　社	○ホームページなどで、取扱商品や海外拠点などを調べてみる。 ○カタログを入手し、商品ラインナップ、価格、輸入国を調べてみる。 ○アンテナショップがある場合、店員に相談を持ちかけて情報を得る。

● 企業研究の行い方

IT・情報関連	○自分の携帯電話とは違ったキャリアの携帯電話を持つ友人から、基本料金や通話料、各種サービスの話を聞き、比較してみる。 ○パソコンショップなどで、パッケージソフトを比較検討してみる。 ○どんな業界の、どんな企業のシステム開発に強いか調べてみる。
マスコミ	○新聞社やテレビ局には、一般を対象にした見学ツアーがある場合も。編集部やスタジオを観察できる絶好のチャンス。 ○新聞社は社説の論調から、その社のスタンスを知ることができる。 ○出版社なら、その出版物（書籍・雑誌）で、どんな分野のものを手がけているか調べる。同分野や競合している雑誌と誌面構成を比較するのも有効。 ○専門誌で、どの広告会社の（誰が）どんな CM を手がけているか調べてみる。
メーカー	○自動車や家電製品なら、そのユーザー（家族や親戚、自分も含む）に使い勝手の善しあしや故障時の対応などについて聞いてみる。 ○化粧品やアパレルなら、実際に商品を買って使ってみる。家族や友人でも使っている人がいたらその感想も聞いてみる。 ○素材メーカーなら、最終製品が何に使われるかを調べてみる。
小売・サービス	○小売なら、実際に店で店員に質問し、商品知識や接客ぶりを見てみる。 ○外食なら、実際に店に行き、メニューや価格、店員のサービスを確認。同じチェーンでも何店舗か回って調べてみる。 ○企業ホームページなどで店舗数、展開エリアなどを調べてみる。
人　材	○教育（資格スクールなど）なら、実際に生徒として授業を受けてみる。 ○塾なら、案内書などを入手し、教室数、展開地域などを調べてみる。 ○人材派遣なら、各社のホームページで、登録スタッフ数などを比較してみる。
レジャー・エンタテインメント	○実際にレジャー施設に行って、アトラクションなどを試してみる。 ○施設内の設備・管理状況やスタッフの接客サービスなどに注目してみる。 ○実際にパック旅行に参加し、主催会社のサービスを確認してみる。
エネルギー・インフラ	○市民への情報提供のための施設に行ってみる。 ○複数のガソリンスタンドを利用し、各社のサービスを比較してみる。 ○工事現場へ行き、ようすを観察する。働いている人に話を聞いてみる。

第1部　適職分析、自分に合った業界選び・仕事選び

店舗見学・会社見学の行い方

　店舗見学や会社見学は、その企業のことを直接知ることができる絶好のチャンスです。採用告知をしていない企業にも、誠意を込めてお願いすれば、個別に対応してもらえる場合もあります。

① 調べる

興味のある会社が会社説明会を行っているか調べます。日程などの情報は、企業WEBサイトや就職情報サイトに掲載されています。未掲載の場合は企業に問い合わせるとよいです。近年は、オンライン開催が多く、自宅や海外留学先から参加できます。

会社説明会の種類

- **合同説明会** 　自治体や就職情報会社などの主催で、多くの企業が参加します。
- **個別説明会** 　ある企業が個別に行う説明会。人気企業の場合、定員制で、すぐに満席になる場合もあります。
- **学内セミナー** 　大学に企業の人事担当者や、OB・OGがやって来て、事業内容などを説明してくれます。
- **個別の見学** 　採用告知をしていない企業でも、会社見学や工場見学など個別に対応してもらえる場合もあります。

② 連絡する

説明会を行っていることがわかったら、参加の旨を連絡します。多くの場合、インターネットでの予約申込みとなります。採用告知をしていない企業にアクセスする場合は、電話、メール、手紙などの手段が考えられます（105ページの手紙の文例を参照）。

③ 出席する

質疑応答もあります。事前に質問を用意しておくと、焦らず冷静に質問できるでしょう。会社案内などに載っていることではなく、実

● 企業研究の行い方

際の仕事内容など、社員でなければわからないことを尋ねるようにしましょう。

こんな観点で質問しよう！

- どんな仕事をすることになるか？
  → 主な仕事内容（職種）と1日のタイムスケジュールなど
- どんな生活をすることになるか？
  → 人事異動（ジョブローテーション）のねらいと頻度、勤務地など
- 会社の各種制度は実際に機能しているか？
  → 資格取得支援制度、福利厚生制度などの実質利用率など

④ お礼をする

メールあるいは手紙でお礼を述べると熱意が伝わり、好印象が得られます。特に採用告知をしていない企業を見学させてもらったときは、丁重にお礼を述べることをおすすめします。

手紙の文例と書き方（採用告知をしていない企業に見学を申し込む場合の文例）

【語頭】拝啓

【挨拶】時下、ますますご清栄のことと存じます。

【本文】私は○○大学△△学部□□学科○年の高橋太郎と申します。現在就職活動をしており、精密機器業界に大変興味を持っております。その中でも、次々と新しい製品を開発し市場で大きな評価を得ている貴社の研究開発の姿勢は、以前より注目していました。業界紙などで勉強をしていますが、貴社についてもっと深く知りたいと望んでおります。
貴社では、来年度の新卒採用のために、会社見学などを開催されるご予定があるのでしょうか。ご予定がない場合でも、実際に貴社の研究所を見学させていただきたいと思い、お手紙を差し上げました。

【末文】お忙しいところ、大変恐縮ではございますが、お取り計らい頂きますよう、何卒よろしくお願い申し上げます。

　　　　　　　　　　　　　　　　敬具【結語】

【後付】
○○○○年○月○日
○○大学△△学部□□学科
高橋太郎

株式会社○○機械　総務部ご担当者様

第1部　適職分析、自分に合った業界選び・仕事選び

105

OB・OG 訪問の行い方

インターネット上に情報があふれている現在ですが、OB・OG からは企業の生きた情報が得られます。履歴書やエントリーシートを持参すれば、自己 PR や志望理由などを確認して頂くこともできます。

① 調べる

自分の学校に、どんな企業で働いている OB・OG がいるかを知る必要があります。ゼミやサークルの先輩を頼る、キャリアセンターの名簿を調べる、直接企業に問い合わせるなどして情報を得ましょう。

② 連絡する

連絡方法は、電話、メール、郵便（手紙やハガキ）などがあります。電話の場合、電話番号をどこで入手したか伝えましょう。また、個人情報の面から個人宅の情報が非公開の場合もあります。企業を通して連絡した方がよい場合もありますので注意しましょう。手紙やハガキで申し込む場合も、郵便が届く日を見計らって改めてお願いします。面会の日時は、先方の都合を最優先して決めましょう。

OB・OG への質問項目を考えるためのヒント

勤務年数	テーマ	質問事項
社会人1～2年目の先輩	主に採用方法について	その会社の採用傾向など ご本人がその会社を選んだ決め手など どんな志望理由等を試験で述べたか
社会人4～5年目の先輩	主に仕事内容について	実際に担当されている仕事の内容など 職場の雰囲気、人間関係、教育制度や異動など 1日のスケジュール、必要な資質・能力など
社会人10年目以上の先輩	主に将来性について	業界全体の動向・将来性など その企業の経営方針など 社員が今後求められることなど

★ OB・OG 訪問は、相手の話しぶりやようすを観察できる一方で、自分が見られる場でもあります。失礼なく対応しましょう。

● 企業研究の行い方

③ 会う

短時間で実りある面会にするために、企業のWEBサイト（事業内容、社長メッセージ、経営計画、社員紹介、プレスリリースなど）を読んで、具体的な質問項目を事前に考えておきましょう。打ち解けたら、エントリーシートや履歴書を確認して頂いたり、模擬面接をして頂くと的確な採用試験対策ができます。近年は、オンライン（Zoomなど）でOB訪問が行われることも増えています。

④ お礼をする

このとき会ったOB・OGとは、今後の就職活動や社会人となった後も、さまざまな形で関係が続くかもしれません。忙しい時間を割いて会って頂いたのです。メールあるいは手紙で丁重にお礼を述べましょう。

メールの文例と書き方（OB・OG訪問後のお礼の文例）

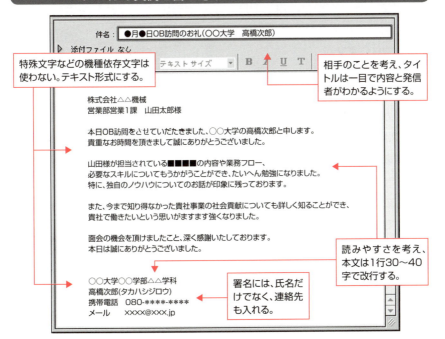

第1部　適職分析、自分に合った業界選び・仕事選び

企業を選ぶ条件を整理する

　企業研究を始める前は、どんな企業があるかわからない、名前は知っていても、漠然としたイメージしかないという状況でしょう。企業研究の前に、自分の入りたい企業像を、まず整理しておきましょう。

　「重視したい企業の条件 30」にチェックしていきましょう。自分が現時点で重視したい条件に当てはまるものすべてにチェックします。一覧の項目以外にも大切にしたい条件があったら、書き出しておきます。そして、チェックした項目に沿って、気になる企業について深く調べていきましょう。

　ここで条件を整理しておくのは、企業研究を行いやすくするためです。これを行うと、店舗見学・会社見学や OB・OG 訪問などを行って企業を深く調べていく際に、自分は何を基準に見たり聞いたりすればよいのか（自分の知りたいこと）がはっきりしてきます（さらに、第 2 部以降で自己分析を行っていくと、自分のやりたい仕事と長所がはっきりわかり、自己 PR や志望動機に自然とつなげていけるようになります）。

　また、条件を基準に企業を深く調べていくと、「この条件は合致しているが、こちらの条件は合致していない」ということが多々起こってくる場合があります。その際に、それが本当に必要な条件なのかを考えることで、自分のその企業に対する見方が変わってきます。この結果、最初は第一志望だった企業に対する志望度が下がったり、逆にあまり興味がなかった企業が第一志望になる場合が出てきます。当初考えていなかった業界や企業に興味がわいてくる場合もあります。

　このように、企業研究をして受験する企業を選んでいく際に、自分にぴったり合った企業を幅広い視点から見つけていけるようになるのです。企業は数多くありますが、それを選んでいくのは自分なのです。自分が納得できる選別ができるように、幅広い視点から企業を見ていけるようにしていきましょう。

● 企業研究の行い方

重視したい企業の条件 30

01	☐ 自分のやりたい仕事がある
02	☐ 自分の夢の実現に役立つ。自分の夢が実現できる
03	☐ 自分の個性、専門知識・能力、資格等を生かせる
04	☐ 知名度がある。人気がある
05	☐ 業界で上位の位置づけにある
06	☐ 自分の好きな商品（サービス）を扱っている
07	☐ 業界で高いシェアを占める商品（サービス）を扱っている
08	☐ 成長分野の商品（サービス）を扱っている
09	☐ パイオニア（先駆け）的な商品（サービス）を扱っている
10	☐ 他社が参入しにくい商品（サービス）を扱っている
11	☐ 社会情勢に左右されない商品（サービス）を扱っている
12	☐ 業務を積極的に拡大して業績を伸ばしている
13	☐ 他業種と積極的に提携して業績を伸ばしている
14	☐ 能力主義的な社風。成績次第で高収入が得られる
15	☐ 家族主義的な社風
16	☐ 希望の勤務地で働くことができる
17	☐ 遠方への転勤がない
18	☐ 伝統のある企業（社歴が長い。安定している）
19	☐ ベンチャー企業（チャレンジ精神が旺盛な社風）
20	☐ 社員の平均勤続年数が長い（離職率が低い）
21	☐ 研修制度が整っている
22	☐ 転職にも役立つ知識・能力・資格等が身につく
23	☐ 独立・起業しやすい
24	☐ 女性や若手の登用に積極的
25	☐ 給与水準が高い
26	☐ プライベート（ライフワーク、習い事、趣味等）と両立しやすい
27	☐ 福利厚生、有給、産休などを積極的に活用できる
28	☐ 社会福祉や環境に配慮している
29	☐ 公共性の高い業務内容
30	☐ 企業理念、経営方針に共感できる。経営者が尊敬できる

第1部 適職分析、自分に合った業界選び・仕事選び

COLUMN

上級者向け！
Yahoo! ファイナンスの使い方

Yahoo! ファイナンスを使った、隠れた優良企業の見つけ方をお教えします。

STEP 1 興味のある企業を検索し、表示された画面の「企業情報」をクリック。

	0000 銀行業	
追加	（株）TAKAHASHI銀行	**100**

詳細情報　チャート　時系列　ニュース　企業情報　掲示板　株主優待　レポート　業績予報　みんかぶ

STEP 2 企業情報画面左の「基本情報」の中の「連結決算推移」をクリック。

連結決算推移がない場合は、「単独決算推移」を見ましょう。

STEP 3 3期の推移を比較する。

連結決算推移

	前期	2期前	3期前
売上高	9,000百万円	7,000百万円	5,000百万円
営業利益	2,000百万円	1,500百万円	1,000百万円
経常利益	2,500百万円	2,000百万円	1,500百万円
当期利益	1,200百万円	1,000百万円	700百万円

「売上高」……企業の根本的な力を確認するうえで重要な指標。

「営業利益」…売上高からコスト（人件費や材料費など）を引いたもの。企業が
　　　　　　　本業で稼いだ利益。

「経常利益」…営業利益に営業外収入（受取利息や賃貸収入など）を足し、営業
　　　　　　　外費用（借入金の返済や利息など）を引いたもの。企業の事業全
　　　　　　　体の利益。

「当期利益」…経常利益に一時的に発生した特別損益を足し、税金を引いたもの。

優良企業の条件は、上記の4つの数値が3期連続で堅調に伸びていることです。
ただし、一部の指標（数値）において若干の落ち込みがあっても、全体が上昇傾
向にあれば優良企業とみなせます。なお、指標に大きな落ち込みがある場合は、
その企業のWebサイトや『会社四季報』に原因が書かれていることも多くあります。

110

第2部

自己分析を行う

自分はどんな仕事をしていきたい？
どうアピールすればよい？
自己分析で自分に最適な仕事と自分の長所が発見できる。

自己分析を始める前に
自己分析とは何か

■ 自己分析＝自己プロデュース（サクセスライフの創造）

　就職活動で自己分析という言葉を耳にして、それを義務的なことや面倒なことと、とらえていないでしょうか？　また、みんなが行っているからしかたなく行うという人もいると思います。

　しかし、本来、自己分析とは、とてもワクワクする作業なのです。なぜなら、自分のサクセスライフをプロデュースする非常にクリエイティブなものだからです。サクセスライフとは、仕事・プライベートの両面から、自らの夢・理想を実現し、なりたい自分になり、どの年代においても、楽しみと喜びに満ちた生活がおくれるということです。

　本書では自己分析を自己プロデュースととらえ、自分の夢や理想を実現していくためにはどうすればよいかまで考えながら分析していきます。

■ 人生全体を見すえて「点の就活」から「線の就活」に

　自己分析で大切なのは、就職活動を成功させることはもちろん、長い人生全体を豊かなものにしていこうとする観点です。内定を取るための「点の就職活動」ではなく、人生全体を見すえた「線の就職活動」に結びつくような自己分析を行うことが必要です。

　これを踏まえ、本書では「サクセスライフ自己分析」とし、4タイプの自己分析を行っていきます。

■ サクセスライフ自己分析（未来・過去・現在・客観視の4方向）

　未来、過去、現在、客観視の4方向から自分自身、および自分の人生を分析します。

①**未来設計自己分析** ▶ 公私共に最高の自分、最高の人生を考える（未来）
②**根っこ探し自己分析** ▶ やりたい仕事に対する興味の根っこを過去に探る（過去）
③**長所発見自己分析** ▶ やりたい仕事に役立つ資質・経験をリストアップする（現在）
④**他己分析** ▶ 自分の長所（資質・経験）を複数の他人にチェックしてもらう

● 自己分析を始める前に

４つのサクセスライフ自己分析

①未来設計自己分析とは（116ページからを参照）

　この自己分析の目的は２つあります。まず、人生全体を見すえて、仕事とプライベートの両面で短期・中期・長期の目標を設定すること。次に、就職活動に対するモチベーションを高めることです。

　116ページからにしたがって、自分の未来をどのようにしていきたいか、20代、30代、…と書き進めていくうちに、あれもやってみよう、これも挑戦してみようと、発想が次々とわいてきて、とても楽しい気分になります。そして、仕事とプライベートの両面で最高の自分、最高の人生が描けると、こんなステキな未来が開けるなら、この就職活動を悔いのないように頑張ろうと、自然とモチベーションを高められるようになります。

②根っこ探し自己分析とは（130ページからを参照）

　この自己分析の目的は３つあります。１つめにやりたい仕事の初期動機を見つけること。２つめに志望動機に高い説得力をつけること。３つめに自分が無意識に描いていた将来の願望を見つけることです。

　130ページからにしたがって、仕事に対する願望の根っこを過去にさかのぼって探すと、今の自分の考え方に影響を与えた出来事（具体例）が思い出されます。すると、自信を持って就職活動を進められるようになり、志望動機の説得力も極めて高くなります。また、この作業を通して、自分が無意識に描いていた将来の願望も見つかるので、これを考慮することで、就職活動がより一層充実したものになります。

③長所発見自己分析とは（142ページからを参照）

　この自己分析の目的は３つあります。１つめに自分の現時点での資質・経験を具体的に把握し、今後の自己研鑽目標も明確化すること。２つめに自己PRに高い説得力をつけること。３つめに自信をつけることです。

　142ページからにしたがって自分の長所発見を行っていくと、具体性の高い長所（仕事に役立つ資質・経験）が誰でもたくさん見つかります。自分が気づいていなかった自分の強みが多数見つかるので、自信がつき、自己PRでの説得力が非常に高まります。

④他己分析とは（204ページからを参照）

　この自己分析の目的は３つあり、１つめに自己分析が独りよがりなものにならないようにすること。２つめに他人から自分はどう見られているか確認しておくこと。３つめに自分が気づいていない長所・特性を発見することです。

　アンケート方式で行いますが、自分が思っていなかったことも多々見つかり、驚くほど効果があります。それを自己PRのネタにすることもできます。

自己分析を最大限活用するためには

■ 人は多面的な存在～どの面をどう伸ばすか

　自己分析の目的は自分のいろいろな面を発見していくことです。本書の「サクセスライフ自己分析」を行うと、自分にはいろいろな面があることに気づくでしょう。どんな人にもさまざまな面があり、そのどの面を見るかで全く違う自分像になるのです。アルバイト先での自分、勉強をしているときの自分、スポーツをしているときの自分、明るい気分のときの自分、その他、無数の面があり、可能性は無限に広がっています。

　就職活動において重要なのは、自分のどの面に着目し、それをどう伸ばしていくかを考えることです。

■ 自分の未来は自分が決める～夢の実現はプロセスも楽しい

　就職活動の出発点でまずやるべきことは、「どんな自分になりたいか」という目標設定（未来設計）です。夢がある未来を描くと、モチベーションが上がりワクワクしてくるものです。

　夢を持つ最大のメリットは、そのプロセスである日々の生活も輝き出すことです。

■ 夢や理想がかなわない最大の障害は「自己限定思考」

　目標設定の基準を過去の自分にすると、「自分の学歴（実力）ではこの程度しか行えない」といった考え方になってしまうことがよくあります。これは未来に向かってどんな自分になりたいかと夢を描くのではなく、過去にとらわれて自分に限界を設けてしまう考え方で、本来、無限に広がるはずの可能性の芽を摘み取ってしまう、もったいない目標設定のあり方です。

　気をつけなければいけないのは、この考え方がいつの間にか頭に定着していて、無意識のうちにいつも作動してしまうことです。この場合、就職活動においてもわずかな困難に遭遇しただけで、やっぱり自分ではダメだ、とすぐにあきらめることになりがちです。

　夢や理想がかなわなくなる最大の障害は自己限定思考（＝マイナス思考の一種）です。

● 自己分析を始める前に

■ 業界・仕事を研究してから自己分析を行おう

　自己分析を的確に行うには、業界・仕事・企業研究が欠かせません。なぜなら、これから出ていく社会のことを知らなければ、自分の未来像は描けないからです。例えば、日本には約 300 万社の企業がありますが、そのうち何社ほど知っていますか？　一般的な学生は 200 〜 300 社しか知らないのが現実です。実は、就職活動前の企業知識は、テレビや新聞に広告を頻繁に出している企業に著しくかたよっているのです。

　知名度はなくてもすばらしい企業はたくさんあります。業界・仕事・企業研究を行って、社会に対する視野を広げてから自己分析することが大切です。すると、非常に豊かな未来が設計できるようになります。企業で役立つ自分の長所もわかり、自信に満ちた就職活動を行えるようになります。

　また、エントリーシートや面接で高評価を得るには、志望動機と自己 PR が明確であること、そして 2 つが一本につながっていることが重要です。業界・仕事・企業研究と自己分析をしっかり行うことで「やりたい仕事（志望動機）」、やりたい仕事と自分の接点、やりたい仕事に役立つ自分の資質・経験（自己 PR）が明確化し、高い評価を着実に得られるようになります。

■ 自己分析の 3 段階（準備・マッチング・決意）

　自己分析は、一度やれば終わりというものではありません。就職活動の進展に沿って、次の 3 つの段階があります。

第 1 段階	**就職活動前** ▶	準備の自己分析
第 2 段階	**就職活動中** ▶	マッチングの自己分析
第 3 段階	**就職活動後** ▶	決意の自己分析

　まず、「準備の自己分析」です。就職活動を始める前に、本書の「サクセスライフ自己分析」を行いましょう。次は「マッチングのための自己分析」です。実際に就職活動を行いながら、自分と企業とのマッチングをしていくと、修正点・反省点が見えてくることもあります。そのため、再度分析を行います。最後は「決意の自己分析」です。内定後、本当にその企業でよいのかを確認するためです。「未来設計自己分析」に沿って、内定企業での仕事やキャリアプランとの照らし合わせを納得いくまで行いましょう。

サクセスライフ自己分析①
未来設計自己分析

■ 未来設計自己分析で就活へのモチベーションを高める

　サクセスライフ自己分析では、はじめに「未来設計自己分析」を行っていきます。前述したとおり、この自己分析を行うことで、公私共に最高の人生を考えることができるようになります。そして将来の自分像を描いていくことで、自分の仕事や就職活動に対する思いを明確にしていけるとともに、モチベーションを高めることができるようになります。

■ 未来設計をするとなぜ目標がかなうのか

　本書の未来設計自己分析では、各年代ごとにどんな自分になるか、どんなことをするかを、はっきりと書いていく作業を行います。これらの文字が発する明るく力強いメッセージは心身に大きな影響を与え、①やる気アップ②スピードアップ③イメージアップ　と３つの効果をもたらし、目標をかなえていくことができるのです。

未来設計自己分析のもたらす３つの効果

①やる気アップ効果
　未来が非常に明るく感じられ、心身に活力がみなぎってきて、今まではつらい気持ちでやっていたことでも、ワクワクした気持ちで積極的に取り組めるようになります。

②スピードアップ効果
　①の効果が現れると、作業効率が上がり、物事に対して努力する時間も増えます。たとえば、それを実現するための協力者を意欲的に探したり、常に先手を打って準備したりするようにもなってきます。
　その結果、自己成長や目標達成のスピードが格段にアップすることになります。

③イメージアップ効果
　①②の効果が現れると、心身に活力がみなぎっていて、しかも日々成長していますから、表情は明るく生き生きとし、力強いまなざしになってきます。姿勢や歩き方も堂々と、しゃべり方もハキハキさわやかになってきます。こうして外見的なイメージからも人に良い印象を与えることができるようになってきます。
　強い目的が表面に出ている人のもとには喜んで協力してくれる人が続々と集まるので、目的を実現するための協力者も集まりやすくなります。

●サクセスライフ自己分析①未来設計自己分析

■ 夢いっぱいの未来を描こう〜魅力的な目標ほどかないやすい

未来設計を立てるときは、自由な発想で、できるだけ魅力的な目標を描くことをおすすめします。魅力的な目標ほどかないやすく、目標達成までのプロセスも非常に楽しく感じられます。

なぜなら、前述した未来設計自己分析のもたらす３つの効果は、魅力的な目標ほど大きく発揮されるからです。つまらない目標ではやる気が起きないので、努力も中途半端になり、結局かなわなくなってしまうものなのです。

■ 不安を感じるのもポジティブなこと〜不安は成功への架け橋

就職活動や社会人になることに関して、不安を感じることがあるかもしれません。しかし、不安な気持ちになること自体は、決してマイナスなことではないのです。人間の心身は、初めて経験することに対しては警戒態勢に入る仕組みになっているからです。例えば初めて雪山に登山するとき、何の不安も感じずに無防備に行動したら、どんな惨事になることか…。むしろ不安を覚えるくらいでないと、注意・準備がおろそかになり、成功させることはできません。

初めて体験する就職活動だから不安になるのは自然ですし、不安になるからこそ、前もってさまざまな努力を積み重ね、成功させることができるのです。

不安は成功への架け橋なのです。

■ 未来設計はこれからの人生の最初の一歩

この未来設計を行うことを就職活動とは直接関係がないと考えないでください。就職活動で内定をもらってもそれはゴールではなく、新しい生活のスタートにすぎません。就職した会社が合わなければ転職すればよい、だからどこでもいいから内定を取ることだけを考える、といった就職活動をするのでは、何のために就職するのかわからなくなりますし、活動へのモチベーションも上がりません。未来設計を行うに当たって、この年代で転職する、独立して起業するといった項目を入れることは構いません。それらがより明るく楽しい人生を実現するために行うものだったら、それを目標として達成するまでに努力することをいとわなくなるからです。

未来設計は自分がどのような人生を送りたいのか、その指針となるものです。長い先まで未来を見すえて就職活動を行えるようにしていきましょう。

第2部 自己分析を行う

117

価値観の優先順位をつける

■ 仕事・プライベートで大切にしたいことの優先順位をつける

　自分の未来像を考えるに際して、未来設計シートを書く前に仕事とプライベートで大切にしたいことに優先順位をつけておきましょう。未来を設計する際に、自分が何に重点を置いていくかを整理するためです。

　これをやっておくと、自分がどんな形で仕事をしていきたいのか、長いスパンで考えることができるようになります。また、プライベートについても各年代の時間を有意義に使うことができ、人生をより一層、楽しく充実したものにすることができます。

※就職活動中に、新しいアイデアが浮かんだら、適宜修正してもよいでしょう。

価値観の書き方

ステップ1　チェックマークをつける

仕事・プライベートそれぞれの項目で、大切にしたいことを選び、優先順位をつけて5段階で評価します。（◎、◯、○、△、無印）

①優先順位：第1群　◎をつける ……………　5つ選択
②優先順位：第2群　◎をつける ……………　5つ選択
③優先順位：第3群　○をつける ……………　5つ選択
④優先順位：第4群　△をつける ……………　5つ選択
⑤そ の 他：第5群　無印

ステップ2　詳細を書く

印をつけたものに関して、右側にそれをどのように大切にしたいか、具体例を簡単に書いていきます（仕事でスキル取得を選んだら、どのようにスキルアップしたいのか、プライベートで語学を選んだらどんな語学をやりたいのかなど）。

ステップ3　未来設計自己分析ワークシートを記述する

チェックしたものをもとに、より具体的にふくらませていきます。128ページからの未来設計自己分析ワークシートの仕事とプライベートの各欄に、どの年代（年齢）で、どんなことを、どのように行うかを書いていき、今後の自分の計画が一目でわかるようにします。

118

● サクセスライフ自己分析①未来設計自己分析

価値観一覧

■ 仕　事

項　　目	評価	具　体　例
やりがい		
勤務形態		
職場の人的環境		
スキルの取得と向上		
収入（高収入・安定収入など）		
信条・信念・人生目標		
独立・起業に役立つ		
結婚・出産と両立できる		
プライベートと両立できる		
人脈が広がる		
顧客や消費者とふれ合える		
専門知識・資格が活かせる		
適性が活かせる		
社会的信頼・名声が得られる		
変化や刺激に富む		
影響力を与えられる		
社会変革できる		
政治や経済と密接に関われる		
著名な人と密接に関われる		
名前が知られる・名前が残る		
自己成長・自己変革できる		
興味を持っていることを実現できる		
マイペースでできる		
人助けできる・人の役に立つ		
人から喜ばれる・感謝される		
人に楽しみを提供できる		
社会や地域の発展に役立つ		

第2部　自己分析を行う

項　　　目	評価	具　体　例
平和や環境問題に貢献できる		
国際的に貢献できる		
仕事相手・取引先（が理想と合致）		
働く場所・環境（が理想と合致）		
転職計画（が理想と合致）		
兼業・副業ができる		
趣味・ライフワークが活かせる		
尊敬できる人と働ける		
あこがれの人と働ける		
能力の高い人と働ける		
人柄の良い人と働ける		
人間性の高い人と働ける		
その他（　　　　　　　　　　）		
その他（　　　　　　　　　　）		
その他（　　　　　　　　　　）		
その他（　　　　　　　　　　）		
その他（　　　　　　　　　　）		
その他（　　　　　　　　　　）		

■ プライベート

項　　　目	評価	具　体　例
友　人		
恋　愛		
結　婚		
家　族		
子ども・子育て		
両　親		
ペット		
音楽（鑑賞・演奏）		
文学（読書）		

● サクセスライフ自己分析①未来設計自己分析

項　　目	評価	具　体　例
芸術（鑑賞）		
飲食・グルメ		
料　理		
娯　楽		
レジャー		
スポーツ		
旅　行		
乗り物（車など）		
パソコン		
住宅環境・生活環境		
語　学		
留　学		
海外生活		
国際交流		
美容・ファッション		
健康（身体面・精神面）		
自己啓発		
生涯学習・研究		
指導・育成（コーチや講師）		
ネットワーク・コミュニティー		
資　格		
ボランティア		
社会活動・地域活動		
政　治		
信条・道徳・哲学・宗教		
その他（　　　　　　　　　）		
その他（　　　　　　　　　）		
その他（　　　　　　　　　）		
その他（　　　　　　　　　）		
その他（　　　　　　　　　）		
その他（　　　　　　　　　）		

第2部　自己分析を行う

未来設計自己分析シートの書き方と利用のしかた

　118 ページからで、仕事で大切にしたいこと、プライベートで大切にしたいことのチェックをしましたが、それを各年代ごとに、より具体的に書き込んでいきます。

未来設計自己分析シートの書き方

　本書 128、129 ページのワークシートを使い、各年代ごとに仕事面とプライベート面で以下の内容を書き込んでいきます。

仕 事 面

- 就いている仕事は何か
- どんな立場にいるか（スキルの程度やポジションなど）
- どんな行動を取っているか（仕事をどのように進めているか）
- どんな仕事環境に身を置いているか（社内外における人脈・仕事の広がりなど）

プライベート面

- どんなところに住んでいるか（生活環境）
- どんなことをしているか（趣味などの面で続けていきたいものや新たにチャレンジしたいもの）
- どんなものを買う（手に入れる）か
- 健康の維持・増進のためにどんなことをするか
- 自分にどんなごほうびを与えるか

より細かな計画を立てたい人は、以下のようなことも書き込むとよいでしょう。

- （理想的な）仕事上でのランクアップ、転職、独立計画
- （理想的な）結婚、出産、子育て計画
- （理想的な）家や車などの購入計画
- （理想的な）収入計画。子どもの教育資金、老後の資金計画

● サクセスライフ自己分析①未来設計自己分析

■ 書面にすることで、実現の可能性は高くなる

　書面上に明確に表し、行動計画を立てると、実現の可能性は飛躍的に高くなります。「自分はここまでのことしかできない」と限定した方向で考えて書くのではなく、大きな夢や希望を持って、自分の理想とする姿を書き込んでいきましょう。現実に近い形のものより、大きな夢や希望を持って書くと、たとえその通りにはならなかったとしても、無計画な場合よりは確実に理想に近い状態が実現します。やる気が飛躍的にアップする、夢ある未来を描きましょう。

　124 ページから、内定者が実際に書いたシート例を掲載しています。自分のシートを作成する前に、内定者の書いたシートを参照して、どのように書けばよいのか確認しておきましょう。

■ 人生全体を見すえた計画を立てよう

　人は確実に歳を取ります。しかし、それは決してマイナスのことではありません。その年齢に合った「思いきり楽しいこと」を考えておけば、むしろ歳を取ることが待ち遠しくなるくらいです。

　したがって、20 代、30 代の青年期だけではなく、40 代、50 代、それ以降も、仕事面、プライベート面についてしっかり目標を立てましょう。そして、その目標をかなえるために、20 代、30 代をどう過ごすべきか再検討しましょう。これにより、20 代、30 代が充実し、40 代以降の楽しい人生につながっていくことになるのです。

■ 書き終えたら有効的に活用する

　シートを書き終えたら、何枚かコピーを取り、手帳や目につくところに貼っておくとよいでしょう。眺めるたびにやる気がアップします。初心を忘れず新鮮な気持ちで努力し続けることができます。何かつらいことがあっても、このシートが自分を勇気づけてくれます。

　また、友人と一緒に書いて、感想などを語り合うのも大変勉強になります。なお、就職活動中に、新たな目標が見つかることもあるかもしれません。その場合は適宜修正して、より理想に合ったものにしていきましょう。

内定者はこう書いた！ 実例①

未来設計自己分析シート

H大学法学部 男性 Yさん（商社内定）

年　齢	仕　事	プライベート
25歳まで	まずはビジネスの基本スキルを取得。上司とコミュニケーションを取り、仕事のノウハウを実践的に学ぶ。 できるだけ多くの人脈を作る。 FPの資格を23歳までに取得。 コーチングの資格を25歳までに取得。	1人暮らしを始める。 RV車を購入し、学生時代の友人とスキーに毎年3回行く。 スポーツジムに週2回通い、体を鍛える。 料理を習う。
25歳〜	会社内で自分の立場を確立。自分独自のビジネスモデルを実行に移し、実績を挙げる。 自分が幹事になって、異業種交流会を発足、毎月集まって勉強会を開催。人脈を日本中に広げる。	スキューバダイビングを始める。 毎月1回、ダイビングをしに小旅行をする。 ラーメンの食べ歩きをして、ラーメンHPを作る。 オープンカーを購入し、週末はドライブを楽しむ。
30歳〜	中国との取引部門の責任者になり、新しいブランドをいくつも立ち上げ、成功させる。日本と中国を毎週往復する。部下と組織を活かせる上司になる。 中国でも異業種交流会を発足。人脈を中国に広げる。	アコースティックギターを習い始め、ミニコンサートを開く。 中国で飲茶の食べ歩きをして飲茶HPを作る。 大恋愛をして32歳で結婚。 33歳で1人目の子ども誕生。
35歳〜	アジア全体の責任者になり、アジア各国でビジネスを成功させる。 自分のアイデアでアジア中の人の生活を豊かにする。 アジア全体で異業種交流会を発足。人脈をアジア中に広げる。	乗馬を習い始め、週末はできるだけ自然の中ですごす。 35歳で2人目の子ども。 ワゴン車を購入。 家族と毎年3回旅行に行く。 子どもに水泳を習わせる。 アジア各国で食べ歩きをしてHPを作る。

● サクセスライフ自己分析①未来設計自己分析

年　齢	仕　　　事	プライベート
40歳〜	人事の仕事をする。会社の将来を担う新入社員を採用したり、さまざまな研修制度を企画し、世界に通用するビジネスマンを育てる。働きやすい職場になるように人事制度を改革する。	家族でサーフィンを始める。毎月1回、サーフィンをしに小旅行をする。世界のおいしいワインを集める。ソムリエの資格を取得する。
50歳〜	留学し、MBAを取得。世界最先端の経営学を学ぶ。帰国1年後、執行役員に就任。55歳で社長に就任。業界ナンバーワン企業にする。	陶芸を始め、達人になる。そば打ちを習い、おいしいそばを作れるようにする。毎月1回、家族と海外へおいしいものを食べに行く。
60歳〜	会社を世界的な有名企業に育てて、64歳で惜しまれながら引退。65歳で経営者のための経営塾を始める。	アフリカなど世界各国の秘境に冒険旅行に行く。その際に写真を撮り、写真の個展を開く。世界中のめずらしいものを食べ歩く。陶芸で賞を取る。
70歳〜	経営塾の仕事に打ち込み、世界に通用する経営者を多数養成する。経営塾は79歳で後進に譲る。	有名な経営者や政治家、芸術家と親しく交流し、ホームパーティーをする。北海道に別荘を持つ。ホノルルマラソンを完走する。
80歳〜	陶芸教室を開き、陶芸の先生になる。	ビリヤードを始める。夏は北海道の別荘で涼しくすごす。実現可能になっていれば月に旅行。
90歳〜	陶芸の本を出す。高齢者のためのビリヤード教室を開き、ゲートボールよりもはやらせる。	ビリヤードの世界大会で優勝する。実現可能になっていれば、火星に旅行。

第2部　自己分析を行う

125

内定者はこう書いた！ 実例②
未来設計自己分析シート

R大学文学部 女性 Sさん（インテリア内定）

年　齢	仕　事	プライベート
25歳まで	インテリア関連の仕事に就く。23歳でカラーコーディネーター3級資格取得。 24歳でカラーコーディネーター2級資格取得。 24歳からイタリア語の勉強開始。	世界のインテリアを研究し、自分の部屋のインテリアにとことんこだわる。 イタリア料理の店を食べ歩く。 カラーコーディネーター2級資格が取れたら、ごほうびにイタリア製の時計を買う。1級が取れたら、ごほうびにイタリア旅行をする。
25歳〜	25歳でカラーコーディネーター1級資格取得。 26歳でインテリアコーディネーター資格取得。 29歳でイタリアに渡り、インテリアの仕事をする。	毎日、ジョギングをする。 ヨーロッパの映画、特にイタリア映画に凝る。 賃貸でも絶景のマンションに住む。 インテリアコーディネーターの資格が取れたら、ごほうびに中古でいいのでイタリア車を買う。
30歳〜	イタリアでインテリアの仕事をしながら、人脈を広げる。 イタリアで活躍する多くのサッカー選手と知り合う。	30歳で日本好きのイタリア人かイタリア好きの日本人と結婚する。 イタリアでも毎日ジョギングをする。 イタリアで美術館や博物館巡りをする。 イタリア料理を習う。
35歳〜	35歳でイタリアと日本とでインテリアの貿易の仕事を開始。 ヨーロッパで活躍する多くのスポーツ選手やビジネスマンと知り合う。週末は彼らとパーティーをする。	ヨーロッパ各地の美術館や博物館巡りをする。ついでにおいしいレストランもチェックする。 絵を習い始める。 ヨーロッパ各地で毎日ジョギングをする。

● サクセスライフ自己分析①未来設計自己分析

年　齢	仕　　事	プライベート
40歳～	40歳で帰国。日本でインテリアの店を開く。芸能人やスポーツ選手、政治家、経営者にイタリア高級家具を販売する。	絵で賞を取る。 日本各地で毎日ジョギングをする。 日本とイタリアの文化交流のボランティアをする。 イタリアのスポーツカーを買い、週末はドライブを楽しむ。
50歳～	1階はインテリアショップ、2階はその家具を使ったレストランやバーになったタイプの店を、東京・大阪・名古屋・札幌・仙台・金沢・松山・岡山・広島・福岡に出店する。それぞれ個性ある店作りをする。	自分が描いた絵をお店に飾る。 ヨーロッパ風のインテリアを使った家を建て、週末は家族や仲の良い友人とバーベキューパーティーをする。 ヨガを習い始める。
60歳～	60歳で経営からは身を引く。フランスやスペイン、オーストリアなどヨーロッパ各地に住みながら、バイヤーの仕事は続ける。	書道を習い始める。 日本とヨーロッパ各国の文化交流のボランティアをする。 留学生のための奨学金制度を作り、多くの学生に役立ててもらう。
70歳～	70歳で日本に帰国。インテリアに関する本を出す。	純和風の日本庭園やいろりがある家を建て、華道と日本舞踊を習い始める。 和装にはまる。
80歳～	80歳で書道の教室を開く。	家庭菜園を作る。 週1回ボランティアで福祉施設に行き、日本舞踊を踊る。
90歳～	90歳で華道の教室を開く。	元気な高齢者キャラでテレビにでるようになる。 全国の高齢者に夢と希望を与える。

第2部　自己分析を行う

自分で書いてみよう

未来設計自己分析シート

年　齢	仕　　事	プライベート
25歳まで		
25歳〜		
30歳〜		
35歳〜		

● サクセスライフ自己分析①未来設計自己分析

年　齢	仕　　事	プライベート
40 歳～		
50 歳～		
60 歳～		
70 歳～		
80 歳～		
90 歳～		

第2部　自己分析を行う

（書籍：『内定者はこう選んだ！業界選び・仕事選び・自己分析・自己 PR【完全版】』より抜粋）

サクセスライフ自己分析②
根っこ探し自己分析

■ 自信を持って就職活動ができる（熱意・行動力が高まる）

　未来設計自己分析に続いて行うのが根っこ探し自己分析です。やりたい仕事の興味の根っこを過去に探る自己分析ですが、これを行うことで、進路に対する迷いが消え、自信を持って就職活動を行うことができるようになります。

　また、熱意や行動力も自然とわき上がってきます。ある学生は志望企業に何が何でも受かりたいと思うようになり、気後れしていたOB訪問を積極的に行うようになりました。また別の学生は、同業企業をすべてチェックしようと考え、全部の会社説明会に出席し、比較研究するようになりました。

■ 志望動機の説得力が高まる

　仕事への興味や考え方に影響を与えた過去の出来事（根っこ）を見つけると、志望動機の根拠を具体的に述べられるようになり、説得力が高まります。

　ある学生は面接で、「私は客室乗務員の仕事がしたいです。御社の客室乗務員○○様に、仕事に関してくわしくうかがい、私も取り組みたいと強く思いました」と言いました。これだけではありきたりの志望動機かもしれません。しかし、その後に、客室乗務員になりたいと思ったきっかけが、小学生のときのできごとにあることを伝えました。初めての飛行機で不安だった自分に客室乗務員の方が優しく話しかけてくれた、小さな自分にも気を遣ってくれたことがとても嬉しくて一生忘れられない思い出になった、自分もあのときの客室乗務員のように、細やかな心配りのできる客室乗務員を目指して頑張る、という旨を伝え、見事内定を取りました。

■ 心の奥底の願望・夢が明確化する

　上記の学生の例のように根っこ探し自己分析をすることで、心の奥底に抱いていた願望や将来の夢も明確化します。これを未来設計（企業選択）にフィードバックすれば、より中身の濃い就職活動になります。

　あるアナウンサー志望の学生は、中学校の文化祭のイベントで司会をしたことがアナウンサー志望の根っこだとわかったのですが、このイベントでは企画やポスター制作に夢中になっていたことを思い出し、広告会社も受験しました。

● サクセスライフ自己分析②根っこ探し自己分析

根っこ探し自己分析シートの書き方

136 ページからのワークシートを使います。

①まずワークシート左側の冒頭の「やりたい仕事は　　　　である」「　　　でその仕事をしたい」の空白部分に自分の希望を書きます。

②次にその仕事をしたい理由（興味を持ったきっかけ、出来事）をさかのぼって考え、書き出していきます。やりたい仕事と規模や内容が異なっていても、目的や考え方、行動パターンに何らかの共通点があることや、共通点がなくても、興味を抱かせるきっかけになったことであればすべて書き出すことがコツです。

③②ができると、自分の考え方や行動における傾向がある程度見えてきます。そこで、自分はどんな考え方をする人間で（思考パターン）、どんな行動を取る人間なのか（行動パターン）を分析しましょう。

④最後にワークシートの右側を書きます。「どんな形でその仕事をしたいのか」以下を書くことで、志望動機、およびそれと論理的につながる自己 PR が明確化します。ただしこの部分は、明確なものがない限り、具体的に企業研究を進めていく過程に書いても構いません。また、自分の長所（特性）がわかっていない場合には、この次の長所発見自己分析を行ってから書いてもよいでしょう。

第2部 自己分析を行う

■ 根っこはいくつもあるもの

　根っこ探し自己分析は 1 回書けば終わりではありません。志望企業・職種によって根っこが異なる場合もあります。また、自分の根っこを志望企業の仕事にどう反映していくかは、就職活動中に書くことで、より具体性を増していきます。就職活動を通して書きながら、志望職種（企業）に対する明確なものをつかんでいってください。また、132 ページからの内定者の例を参照して、内定者はどのように自己 PR につなげていったのかを確認してみましょう。

■ 過去の自分の殻（パターン）を破って、大きく成長しよう

　根っこ探し自己分析の最大の目的は、（過去の）自分の殻を明確化し、それを破って、新しい自分作りをすることです。これを行うと、やりたい仕事に興味を持ったきっかけ・出来事や、自分の考え方・行動のパターンがわかりますが、これにとらわれすぎないように気をつけましょう。未来は白紙ですから、過去の自分の殻を破って大きく成長し、楽しく豊かな未来にしていきましょう。

131

内定者はこう書いた！ 実例①

根っこ探し自己分析シート

K大学経済学部 男性 Tさん（不動産内定）

やりたい仕事は
世の中に大きな何かを残せる仕事。 そして、それによって、人々を幸せにできる仕事 <div align="right">である</div> ○○不動産で <div align="right">その仕事をしたい</div>

■ その仕事をしたい理由をさかのぼって考える

現　在	○○不動産の説明会で話をした○○様が自分の理想とするような仕事をしていた。 フットサルサークルは後輩達が喜んで引き継いでくれた。これは涙が出るほど感動した。
大学2年	フットサルサークルを自ら創設した。最初は仲間内だけだったが、一般公募したら、一気にメンバーが増えて嬉しかった。 友人からよく恋愛相談を受けるようになり、おすすめのデートコースの研究をするうちに、テーマパークやイベントに非常にくわしくなった。
大学1年	家庭教師のアルバイトを始めた。自分の教え子が志望校に合格して、すごく喜んでくれた。 人の人生に大きな影響を与えることができたことに、充実感を覚えた。
高　校	文化祭実行委員になり、学校側から支給される予算を有効活用して、有名人を呼ぶイベントを企画した。当日は会場は満員になり、とても嬉しかった。 ○○のクリスマスイベントに行って素晴らしい内容に感動。イベントの主催が○○不動産だと知り、不動産会社に興味を持つようになった。
中学校	卒業旅行の幹事をやった。自分が企画したことで、友人が喜んでくれたのが嬉しかった。 弓道部に所属、部内で大記録を達成し、これは長い間破られることはなかった。
小学校	クラスの中で、人を笑わすのが好きだった。 テレビドラマの中の、正義感が強くて、頭が良く、困った人を鮮やかに助ける弁護士にあこがれた。

● サクセスライフ自己分析②根っこ探し自己分析

■ どんな形でその仕事をしたいのか（目標）

・土地の売買ではなく、土地の活用を手がけたい。たとえば、テーマパーク事業やイベント事業の仕事を行って、人々に感動を与えていきたい。

■ なぜ、○○社でなければならないのか

・○○不動産は、テーマパーク事業やイベント事業に強みを持っていること。高校のときに感動したクリスマスのイベントも主催していて、自分が不動産会社に興味を持つきっかけとなった企業であるだけに、思い入れも強い。

・不動産会社数社の企業研究や会社説明会の参加やOB訪問を行い、比較した結果、ここが一番自分に合っていると感じた。

■ ○○の仕事、○○社で、自分はどう活躍できるか
（自分のどんな特性（能力・資質・経験）を活かせるか）

・テーマパーク事業・イベント事業で、若者や外国からの観光客をもっと呼べるようなものを開発する仕事で貢献する。

・学生時代は弓道、サッカー、フットサルとスポーツをやって、体を鍛えた。文化祭実行委員やフットサルサークルの代表を務め、責任感をつちかった。

内定者はこう書いた！ 実例②

根っこ探し自己分析シート

W大学理工学部 女性 Mさん（損保内定）

やりたい仕事は
人の喜ぶ顔が見られ、社会貢献ができてやりがいのある仕事 である ○○損害保険で その仕事をしたい

■ その仕事をしたい理由をさかのぼって考える

現　在	もの相手の仕事よりも、人相手の仕事がしたい（向いている）のではないか。 ゼミで学んでいることが保険でも使える。
大学2年	災害時の対処法（大規模物件の構造面などから）を学ぶ。リスクマネジメントを学び、とても興味を覚えた。 サークルでは引き続き使われていなかった教室の活用方法を提案。 人間観察が好きで、電車やバスの中ではよく人を観察していた（現在も行っている）。
大学1年	大学運営サークルで、喫煙所の整備を行う（ベンチと灰皿を新しく5カ所に設置）。自分が企画して実現したことで構内がきれいになり、みんなからも感謝されたのがとても嬉しかった。
高　校	学級委員、文化祭実行委員、体育委員と「祭」と名のつく行事すべての実行委員をする。 通学に片道1時間半かかっていて、通学に勉強に忙しい中でいろいろなことに参加するのが楽しかった。
中学校	塾で尊敬できる先生に出会い、数学が好きになった。文字より数字で考えるほうが好きだとわかり、自分は理系だと気づく。 父親の仕事仲間で目上の人と話す機会が多かった。今でも目上の人と話すことは、緊張しない。
小学校	小学校5年生のときに地震にあう。いつ何が起こるかわからないと実感する。 ピアノをずっと習っていて、発表会ではミスなく弾けた。人前でものを発表するのには慣れていると思う。

● サクセスライフ自己分析②根っこ探し自己分析

■ どんな形でその仕事をしたいのか（目標）

・絶対に「○○の部署で仕事がしたい」というのはない。どちらかというと、いろいろな部署でさまざまな仕事をしていきたい。それは、いろいろな人と出会うことで、自分の人間の幅も広げていけると思うし、お客様の求めている商品やサービスも理解していけるから。将来的には「商品企画」の仕事もしてみたい。

■ なぜ、○○社でなければならないのか

・リスクマネジメントについて学ぶ過程で損害保険会社について調べる機会があった。リスクの徹底分析とそれに基づく商品開発に、どの会社より積極的に取り組んでいることを知り、興味を持った。その後、会社説明会に参加して社員の話を聞き、志望する気持ちが強まった。OG訪問もして社員の方と話しているうちに、そのはつらつとした姿を見て、自分もそうなりたいと思った。また、雰囲気が自分に合っていると思った。

■ ○○の仕事、○○社で、自分はどう活躍できるか
（自分のどんな特性（能力・資質・経験）を活かせるか）

・中学・高校6年間のクラスとゼミをまとめてきた「リーダーシップ力」と「協調性」を活かして、誰からも信頼されるような社員を目指す。

・誰とでもコミュニケーションが取れるので、お客様を相手として親身になり、的確なアドバイスができる。

・良いアイデアがあればすぐ実行に移してきた（大学1年のときの喫煙所整備の提案のように）。そのような実行力を活かして、新しい商品を企画できる。

135

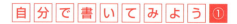

根っこ探し自己分析シート

	やりたい仕事は
	である
	その仕事をしたい

■ その仕事をしたい理由をさかのぼって考える

現　在	
大学2年	
大学1年	
高　校	
中学校	
小学校	

● サクセスライフ自己分析②根っこ探し自己分析

■ どんな形でその仕事をしたいのか（目標）

■ なぜ、○○社でなければならないのか

■ ○○の仕事、○○社で、自分はどう活躍できるか
（自分のどんな特性（能力・資質・経験）を活かせるか）

（書籍：『内定者はこう選んだ！業界選び・仕事選び・自己分析・自己PR【完全版】』より抜粋）

自分で書いてみよう②

根っこ探し自己分析シート

やりたい仕事は

である

その仕事をしたい

■ その仕事をしたい理由をさかのぼって考える

現　在	
大学２年	
大学１年	
高　校	
中学校	
小学校	

● サクセスライフ自己分析②根っこ探し自己分析

■ どんな形でその仕事をしたいのか（目標）

■ なぜ、○○社でなければならないのか

■ ○○の仕事、○○社で、自分はどう活躍できるか
（自分のどんな特性（能力・資質・経験）を活かせるか）

（書籍：『内定者はこう選んだ！業界選び・仕事選び・自己分析・自己PR【完全版】』より抜粋）

根っこ探し自己分析シート

| やりたい仕事は |
| である |
| その仕事をしたい |

■ その仕事をしたい理由をさかのぼって考える

現　在	
大学2年	
大学1年	
高　校	
中学校	
小学校	

● サクセスライフ自己分析②根っこ探し自己分析

■ どんな形でその仕事をしたいのか（目標）

■ なぜ、○○社でなければならないのか

■ ○○の仕事、○○社で、自分はどう活躍できるか
（自分のどんな特性（能力・資質・経験）を活かせるか）

サクセスライフ自己分析③
長所発見自己分析

■ 長所とは人より優れたことではない

「あなたの長所は何ですか?」「あなたのセールスポイントは何ですか?」と聞かれて、どう答えれば高い評価が得られると考えますか?

一般的な受験者は「長所とは人より優れたことで、そう答えれば高評価が得られる」と考えています。ですから、「自分が人より優れていることは何か」を一生懸命考えます。しかし、どんなことでも上には上がいます。自分よりも優れた人はいくらでもいます。そのため、なかなか思いつけません。

みなさんも「長所とは人より優れたこと」で、人気企業には「人よりも飛び抜けて優れたことを答えなくては受からない」と考えていませんか? しかし、これは誤った思い込みです。各業界の超難関企業に受かった学生も、別に飛び抜けて優れていたことを答えていたわけではありません。

■ 長所とは「仕事で役立つこと」

長所とは、「人より優れたこと」ではなく「仕事で役立つこと」です。仕事で役立つことであれば、どんなことでも長所になります。例えば仕事を行うのに十分な体力、これは立派な長所です。メモをしっかり取る習慣がある、これも立派な長所です。

「長所とは仕事で役立つこと」。これがわかっていれば、高評価される長所を無数に答えられます。

■ 仕事で役立つ長所を 30 の行動特性で見ていく

体力、忍耐力といった仕事で役立つ長所を 30 の行動特性として紹介しています。本書では行動特性ごとに、仕事で役立つことを具体的にリストアップしていきます。

本書の「長所発見自己分析」を行うと、長所の具体例が通常 100 以上発見できます。これにより、長所など何もないと思い自信喪失していた人でも自信がついてきます。エントリーシートが書けなくて、何日も手が止まっていた人でも、説得力あるものがスラスラ書けるようになります。面接での質問に固まっていた人でも、伸び伸び受け答えできるようになります。

142

● サクセスライフ自己分析③長所発見自己分析

長所発見自己分析の行い方

144 ページからのワークシートを使います。

① ページ冒頭の文章を読み、その行動特性が企業ではどのような形で必要とされているかを確認しましょう。

②「ここに注意！」を読み、（学生的な）誤った解釈を修正しましょう。

③「自分に近い例をチェックしてみよう」の具体例を確認します。アルバイト、サークル・部活などのカテゴリーごとに、少しでも自分に当てはまるものがあればチェックマークを入れましょう。現時点（大学時代）の具体例であることが好ましいですが、高校時代のことでも力を入れたことならば、チェックマークを入れてもいいです。また、小中学校時代のことでも現在まで継続していることであれば、チェックマークを入れてもいいです。

④「自分の具体的なエピソードを書き出してみよう」のところに、③のチェックにない例やより具体的な例を書き出していきます。

⑤「この特性をポイントにした自己 PR はこう作る」の自己 PR の実例を読み、③と④での作業結果を自己 PR として表現する方法を学びましょう。

⑥ 以上①から⑤での作業を、30 の行動特性すべてで順番に行います。通常、各長所ごとに数例ずつ（長所の）具体例がリストアップされるので、全部で100 以上の具体例がリストアップできます。

■ 企業の人事評価基準とも合致し、今後の成長目標の指針になる

　この長所発見自己分析は、社会人としての自分をどう高めたらよいかを考える際の指針にもなります。なぜなら、この 30 の長所は、企業における人事評価基準とも合致しているからです。したがって、この長所をさらに伸ばしていけば、それはそのまま企業における人事評価を高めることに直結するのです。仕事で役立つ 30 の長所とは、社会人として高めるべき「30 の成長目標」なのです。

　内定とは、社会人になるための通過点で、社会人になってからが本番です。今後のさらなる飛躍に、この長所発見自己分析を活用してください。

行動特性01

体力（健康、健康管理）

企業で必要とされている体力とはこんな特性

　業務を遂行するうえで必要十分な体力、および健康状態。業務に力仕事がある場合は筋力面。長時間勤務や深夜勤務がある場合は持久力面も重視される。体力維持・増進や健康管理に対する意識の高さも重要となってくる。

　体力は業務遂行の土台となるものなので、業界、業種、職種に関係なく、非常に重きが置かれる特性。

ここに注意！ **「体力の評価基準は、職種・業務によって異なる」**

学生の勘違い例 | 「縄跳びが３分間跳べる。だから、体力には自信がある」

仕事の中には早朝から夜遅くまで立ったままだったり、徹夜が続いたりするものもある。たった３分間しか跳べない程度の体力ではアピールになるものではなく、評価は逆に下がってしまう。

誰からも体力があると認められるようなエピソードでなければ、アピールできる特性にはならない。各業務に必要とされる体力の程度も把握しておくことが大切

自分に近い例をチェックしてみよう
体力を立証する具体例

アルバイト

□ 長い時間連続で働くことができる

□ 早朝・深夜でもアルバイトをしている

□ 立ちっぱなしの仕事をしている

□ 重い荷物でも平気で運べる

● サクセスライフ自己分析③長所発見自己分析

- ☐ 力仕事を率先して引き受けている
- ☐ 大きな声で挨拶するように心がけている
- ☐ 体調を崩してもアルバイトを休んだことがない

サークル・部活

- ☐ 体育会系の部活に所属し、毎日練習している
- ☐ 厳しい練習でもさぼらずこなしている
- ☐ スポーツの大会で入賞したことがある
- ☐ 自主トレーニングを欠かさない

学業（ゼミ）・その他（課外活動）

- ☐ 電車で立ったまま（もしくは自転車で）長時間通学している
- ☐ 一度も遅刻をしたことがない
- ☐ 一日も欠席をしたことがない
- ☐ 机上の勉強よりフィールドワークが好きである
- ☐ ずっと続けてきたスポーツがある
- ☐ 身体を動かすことが好きである
- ☐ 体力面で誰にも負けない特技がある
- ☐ 風邪をほとんどひいたことがない
- ☐ 徹夜が多少続いても平気である

✍ 自分の具体的なエピソードを書き出してみよう

この特性をポイントにした自己PRはこう作る

- ■「学生時代、6年間ずっと陸上を続けてきた。○○大会で入賞したこともある」
- ■「アルバイトでは、8時間立ちっぱなしで、常にお客様に気配りしている。2年間続け、現在ではアルバイトリーダーを務めている」

行動特性02

忍耐力（ストレス耐性）

企業で必要とされている忍耐力とはこんな特性

　業務上、困難なこと、つらいことがあっても耐えることができる精神力。忍耐力（高いストレス耐性）があるかだけではなく、ストレスをためないで発散する（健康的な）習慣を持ち合わせられるかが大切となってくる。

　労働環境の厳しい仕事、非常に高い目標設定がある仕事、きついプレッシャーがかかる仕事、厳しい上司や厳しい顧客との関係がある仕事の場合に、この特性が特に重視される。

＊この特性は面接でも追及（追及面接）や、厳しい口調での突っ込みを入れたり（圧迫面接）する形でチェックされる。

ここに注意！ **「趣味的なこと、楽しいことが対象だと、忍耐力とは見なされない」**

学生の勘違い例 | 「学生時代はダンスに夢中になり、どんなに疲れていても全力で踊っていた。だから、忍耐力には自信がある」

好きなことや楽なことに対してなら、疲れていても頑張って長時間行うことは当たり前のこと。好きではないことや通常は楽しくないと思われることで頑張ったエピソードでなければ評価されない。

仕事のつらさ・厳しさと、重ね合わせて考えられるようなエピソードで立証できなければ、アピールできる特性にはならない

自分に近い例をチェックしてみよう
忍耐力を立証する具体例

アルバイト

□ 単純な作業でもコツコツ続けられる

□ 地味な仕事でも積極的に引き受ける

□ 交渉ごとに粘り強く取り組める

□ クレームの対応も率先して行う

146

●サクセスライフ自己分析③長所発見自己分析

- □ どんなお客様にも平常心で対応できる
- □ 仕事のストレスを翌日に残さない
- □ お客様の話を辛抱強く聞くことができる
- □ ノルマがあるアルバイトをやっている（やったことがある）
- □ 怒られてもすぐに気持ちを切り替えることができる

サークル・部活

- □ 地道な反復練習もコツコツ続けている
- □ 雑用も率先して行っている
- □ 成果がすぐに出なくても辛抱強く練習を続けている

学業（ゼミ）・その他（課外活動）

- □ 地道に調べて研究することが苦にならない
- □ 討論ではみんなの意見のまとめ役になっている
- □ グチや不平を言わないように心がけている
- □ つらいことがあってもくよくよしない
- □ マイナスのこともプラスに考えることができる
- □ 自分なりのストレス解消方法を持っている
- □ 気持ちを切り替えることが得意である
- □ 嫌なことがあっても顔に出さない

✎ 自分の具体的なエピソードを書き出してみよう

この特性をポイントにした自己PRはこう作る

- ■「コールセンターのアルバイトでクレーム処理担当。どなり口調で電話してくる方を、毎日20人以上、笑顔で冷静に対応。忍耐力がつちかわれる」
- ■「創作ダンス部に所属。毎日4時間の練習は非常に厳しく、ダンスシューズは1カ月でボロボロに。忍耐力で3年間、一日も休まず頑張りぬく」

第2部 自己分析を行う

147

行動特性03

継続力（持久力）

企業で必要とされている継続力とはこんな特性

　業務上の困難なこと、つらいことでも、長時間・長期間にわたって、高い集中力で努力し続けられる力。離職率の高い企業や長時間、長期間にわたって同じ業務をする仕事では特に重視される。

＊一般的に継続力に欠ける人物は、仕事をサボったり作業能率が悪い傾向があるとされる。同一作業を繰り返すタイプの筆記試験（クレペリンテストなど）で判断されることもある。

ここに注意！「誰でもやっていることだけでは、継続力があるとは見なされない」

| 学生の勘違い例 | 「同じアルバイトを1年間続けている。だから、継続力がある」 |

1年程度アルバイトを継続することは、誰でもやっていることだ。特別困難なアルバイトでないかぎり、特に労力を要しないので、継続力があるとは見なされない。長期間にわたって努力し、なおかつそれがどのような結果を生み出したかまで説明できないと、この特性をアピールポイントにはできない（仮に長期間続けたものがない場合、その目的がポジティブで一貫していれば、行動力、向上心の高さで評価されるので、その方向でアピールしたほうがよい）。

通常続けるのが困難と思われることと、その結果身についたことを具体的に出す。また、各業務に必要な継続力の程度を把握しておくこと

自分に近い例をチェックしてみよう
継続力を立証する具体例

アルバイト

- □ 長期間続けているアルバイトがある
- □ 長時間連続で働くことができる
- □ 単純な作業でもコツコツ続けられる
- □ 交渉ごとに粘り強く取り組める

● サクセスライフ自己分析③長所発見自己分析

□ 業務を完璧に理解するまで何度も繰り返し行う
□ お客様の顔を 10 人以上覚えている

サークル・部活

□ 毎日決まった練習をしている
□ 地道な練習をずっと続けている
□ 成果がすぐに出なくても辛抱強く練習を続けている
□ 同じことを繰り返して練習するようにしている
□ 長時間練習に集中することができる

学業（ゼミ）・その他（課外活動）

□ 毎日決まった時間勉強する習慣をつけている
□ レポートなどのため、長時間集中して調査・研究できる
□ 地道に調べて研究できる
□ 新聞を、毎日欠かさず読んでいる
□ 毎日欠かさず行っていることがある
□ 習慣として行っていることがある
□ 日記（家計簿）を欠かさずつけている
□ ずっと続けてきたスポーツがある
□ ずっと続けてきた趣味がある

🖊 自分の具体的なエピソードを書き出してみよう

この特性をポイントにした自己 PR はこう作る

■「3 年間、毎朝 5 時起き。大学入学からずっとコンビニの早朝勤務アルバイトを継続中。遅刻、欠勤一度もなし。商品の仕入、新人教育も担当」
■「中学生のときから 9 年間、書道を続けている。書道を通して礼儀作法も学ぶ。書類などで見やすい字を書くことに自信がある」

第2部 自己分析を行う

149

行動特性04

協調性（チームワーク能力、素直）

企業で必要とされている協調性とはこんな特性

業務の円滑な遂行や目標の達成、会社全体の利益のために、自ら進んで上司や同僚、後輩と協力し合うような行動が取れる力。

■ 協調性を伴う行動の具体例

他人の仕事や嫌な仕事も受け入れ行うこと、誰に対しても協力すること、残業や休日出勤などにも快く応じること、自分と相手の立場を踏まえて行動すること、会議などで意見がまとまるように進んで発言して他人の意見も受け入れる努力をすること、対人関係を悪化させるような言動を取らないこと、など。

＊この特性は集団討論やグループワーク形式の試験で判断されることも多い。

ここに注意！	「ただ仲間と仲良くしているだけでは、協調性があるとは見なされない」

学生の勘違い例	「ゼミではメンバー全員と常に仲良くしている。だから、協調性がある」

あくまで全体の利益という目標があり、そのために進んで協力することが企業における協調性。ただ単に仲良くするだけでは、単なる「馴れ合い」と見なされる。

協調性とは全体の利益という目標があって初めて成立する。その利益にいかに貢献できたか（どのような立場でどのような行動を取ったか）が立証できなければアピールできる特性にはならない

自分に近い例をチェックしてみよう

協調性を立証する具体例

アルバイト

□ 自分の仕事以外でも手が空いたら引き受けている

□ 人が嫌がる仕事も率先して引き受けている

□ 早朝や深夜の出勤でも進んで引き受けている

□ 忙しいときには休み時間を削ってでも手伝う

● サクセスライフ自己分析③長所発見自己分析

□ 休んだ人の分までカバーするようにしている
□ 困っている人を自発的に手伝う
□ クレーム対応も率先して引き受けている
□ 仲間と協力しながら仕事をするようにしている
□ 自分の立場と相手の立場を考えながら行動している

サークル・部活

□ チームワークを引き出せるようにみんなに目を配っている
□ チームメイトに迷惑をかけないように自己練習をすることがある
□ 部内の雰囲気をなごませることができる
□ 部内で意見が対立したときには調整役を務めている

学業（ゼミ）・その他（課外活動）

□ ゼミではみんなの意見を聞いて最善の議論ができるようにしている
□ 人の意見を聞いてから自分の意見を述べるようにしている
□ 自分と違う意見にも耳を傾けるようにしている
□ 嫌なことがあっても顔には出さない
□ 好き嫌いを言わず誰とも同じようにつき合える
□ 他人の長所を発見しようと努力している
□ 地域活動には進んで参加している

✎ 自分の具体的なエピソードを書き出してみよう

この特性をポイントにした自己PRはこう作る

■「ゼミで勉強会を行うときは、実りある議論ができるように、メンバー全員から意見を収集し、3日間徹夜して、たたき台となる資料を作成した」
■「居酒屋でのアルバイトでは、人が嫌がるトイレ掃除や汚物処理も積極的に行う。人手が足りない時間帯のシフトにも積極的に貢献する」

151

行動特性05

向上心（学習意欲、克服力、自己啓発力・自己研鑽力）

企業で必要とされている向上心とはこんな特性

業務上必要な知識・資質・技能の習得・鍛錬に積極的に取り組み、一日も早く高いレベルに到達するように努める。そして、上級者レベルに到達しても、初心を忘れず、さらなる研鑽を積み重ね続けることができる力。また、業務に関する改善案、企画案などを提出し、組織全体の発展に貢献していく姿勢。

■ 向上心を伴う行動の具体例

わからないことは上司に聞いて一度教わったことはメモして忘れない、他人の仕事からも何かを学び取る、社内外の研修会に参加、業務に関連することを自主勉強する、与えられた以上の仕事に挑戦、自発的に改善提案をする、など。

ここに注意！ 「過去の一時点だけの努力では、向上心があるとは見なされない」

学生の勘違い例	「大学受験時は1日10時間勉強して合格を勝ち取った。だから、向上心がある」

真に向上心がある人は、目標が達成された後は、さらに高い目標を設定して努力する。よって、現在はどのような努力をしているかという点も重要。また、得意なものを伸ばすだけでなく、苦手なものや短所も克服していく姿勢が必要となる。

向上心とは終わりのない継続的努力。新たな目的が次々と設定される。過去の一時点だけでなく、現在の努力まで示すべき

自分に近い例をチェックしてみよう

向上心を立証する具体例

アルバイト

- ☐ 指示を受けたことは一度で覚えるようにしている
- ☐ 一度失敗したことは二度と失敗しないように注意している
- ☐ 指摘を受けたことはメモを取って忘れないようにしている
- ☐ 仕事を効率良く行うための努力を常に行っている

● サクセスライフ自己分析③長所発見自己分析

- □ お客様の顔を覚える努力をしている
- □ 業務を改善するための方法を常に考えている

サークル・部活

- □ 毎日休まず練習を続けている
- □ 到達レベルを設定して、それより上達しようと努力している
- □ 苦手だったことを得意にしたことがある
- □ 効果的な練習方法を常に考えている

学業（ゼミ）・その他（課外活動）

- □ 苦手科目を頑張って得意科目にした
- □ 学んだことの復習は欠かしていない
- □ レポートなどは決められた期間内に最高のものを作成する努力をしている
- □ 資格を取得するために勉強を続けている
- □ 年を追うごとにランクアップしてきた資格や特技がある
- □ 常に何かで一番になるよう心がけている
- □ オンライン授業の利点を徹底活用して理解を深め、苦手科目を克服した
- □ 現状に満足せず高い目標を掲げている
- □ 負けず嫌いである
- □ わからないことがあったらすぐに調べることを習慣づけている

◈ 自分の具体的なエピソードを書き出してみよう

この特性をポイントにした自己PRはこう作る

- ■「大学受験時は1日10時間勉強して合格を勝ち取った。ここで勉強の面白さを知り、大学2年で宅建を取得。現在はFPの資格取得の勉強をしている」
- ■「水泳が苦手だった。そこで、高校生になって、スイミングスクールに通った。休まず練習を続け、今では3,000m泳げるようになった」

行動特性06

度　胸

企業で必要とされている度胸とはこんな特性

業務上のプレッシャーやアクシデントに対しても、冷静に対処できる精神力。

■ 度胸が必要とされる仕事

一般的に次のような仕事は度胸が必要とされる。大勢の人の前でスピーチやプレゼンがある仕事（営業職、講師など）、自分を歓待してくれない人々や環境に飛び込むことがある仕事（営業職、記者など）、厳しいクレームを受けることがある仕事（接客職など）、身体に危険が伴う可能性がある仕事（公安職・警備職など）、人の生死に関わる仕事（医療職、運転職、保全職など）など。

＊この特性は圧迫面接やプレゼン型面接、ロールプレイング型面接でチェックされることも多い。

ここに注意！	「常識をわきまえた行動でなければ、度胸があるとは見なされない」

学生の勘違い例	「海外旅行でスラム街を夜一人で歩いてみた。だから、私は度胸がある」

非常識だったり不必要と思われる行動、またモラルに反したり反社会的な行動は度胸があるとは見なされない。無鉄砲な人と判断されるだけで、逆に評価は下がる。常識をわきまえたうえで、利益にもつながるエピソードで立証するべき。

度胸とは、どんな状況でも、やるべきことはやり、やるべきでないことはやらない勇気。それを立証できるようなエピソードを出す

自分に近い例をチェックしてみよう
度胸を立証する具体例

アルバイト

☐ 飛び込みの営業をしたことがある

☐ 大勢の人にものを教える仕事をしている

☐ 人前で物品を販売する仕事をしている

☐ 期限内で仕上げる仕事をしたことがある

● サクセスライフ自己分析③長所発見自己分析

- [ ] ノルマのある仕事にチャレンジしたことがある
- [ ] 厳しいクレームがあるかもしれない仕事を引き受けている
- [ ] 一度断られたお客様にも再度チャレンジするようにしている
- [ ] ピンチの場面でもあわてずに対処するようにしている
- [ ] どんなお客様の反応にも落ち着いて対処するようにしている

サークル・部活

- [ ] 困難な練習課題にも前向きに取り組んでいる
- [ ] 期限内で発表するために練習に励んだことがある
- [ ] 大勢の観客を前に発表（パフォーマンス）したことがある
- [ ] チームのピンチの場面で、日頃の練習を活かせた経験がある

学業（ゼミ）・その他（課外活動）

- [ ] 大勢の前で研究発表をしたことがある
- [ ] ゼミで飛び込みで取材をしたことがある
- [ ] 期限内でレポートなどをまとめる努力をしたことがある
- [ ] 前例がないことにも積極的にチャレンジするようにしている
- [ ] 困難な課題であるほど気合いが入る
- [ ] 一度失敗したことにも再度チャレンジするようにしている
- [ ] プレッシャーのかかる場面でも冷静に対処できる

🖊 自分の具体的なエピソードを書き出してみよう

この特性をポイントにした自己PRはこう作る

- ■ 「学生時代は英語劇のクラブに所属。公演回数12回。大舞台で500人の観客を前に、熱演したこともある」
- ■ 「野球部に所属。私はバントの名手。○○大会でも○○大会でも、絶対に2塁に送らなければならない状況でプレッシャーに打ち勝ち、100％成功させた」

第2部 自己分析を行う

行動特性07

目標達成力

企業で必要とされている目標達成力とはこんな特性

業務上、設定された目標を厳守する実行力。目標とは次の5点の取り決めで構成される。①対象（何を）②数量（どれだけ）③品質（どのように）④費用（どのくらいのコストで）⑤期限（いつまでに）。これらをすべて満たして、初めて達成したことになる。また、目標を達成するためには、緻密な計画力や計画工程の管理力、目標設定した時点と状況が変化した場合や不測の事態への対応力・調整力など、さまざまな能力が複合的に必要とされてくる。

＊この特性は、就職活動時にはエントリーシートで困難で手間のかかる課題を与えたり、プレゼン型面接で事前にテーマを伝えて準備させたりして、その達成度で判断されることもある。

ここに注意！ **「簡単な目標と思われると、目標達成力があるとは見なされない」**

学生の勘違い例	「フラメンコの踊りで手の微妙な動きを習得。だから、目標達成力がある」

伝える相手にとってごく身近でないことの場合は、それが困難なことであるとは理解されず、簡単なことを大げさに言っているだけと思われることもある。単に目標を達成したかだけではなく、そのプロセスや挑戦した理由、どんな計画を立てたか、困難をどう乗り越えたかを、一つひとつ掘り下げて伝えること。

「達成困難な目標である」と、誰にでも明確にわかる説明が必要

自分に近い例をチェックしてみよう
目標達成力を立証する具体例
アルバイト

☐ ノルマのある仕事で目標を達成したことがある

☐ 目標以上の数（金額）を販売したことがある

☐ 指示された時間内に仕事を終わらせるよう心がけている

☐ 時間内に終わらなかった仕事は残業してでも終わらせるようにしている

● サクセスライフ自己分析③長所発見自己分析

□ 店のメニュー（商品）と値段はすべて覚えている
□ 一度聞かれたことは、次に聞かれたらすべて答えられるようにしている
□ 自分の置かれている立場以上の仕事をするように努力している

サークル・部活

□ 目標を設定して、それを達成するための練習を続けている
□ 練習を続けたことで難しい技ができるようになった
□ 部で決めた練習は必ずこなしている
□ 部で決めた経費の削減目標より、下げることができた

学業（ゼミ）・その他（課外活動）

□ 課題は期限内に必ず仕上げるようにしている
□ 課題は決められた期間内に最高のものを作成するようにしている
□ 目標以上の級を取得できた（レベルアップできた）資格がある
□ 取得が難しいとされている資格を取得したことがある
□ 取ると決めた資格のために必要な単位をすべて修得している
□ 苦手科目も得意にするべく勉強している
□ 一日にやるべき勉強時間（量）を決めて毎日続けている
□ 目標を決めると、現在まで逆算して計画を立てている
□ 計画倒れにならないよう、自分に合った目標を決めている

✎ 自分の具体的なエピソードを書き出してみよう

この特性をポイントにした自己PRはこう作る

■ 「フラメンコ部に所属。マスターするのに通常3年以上かかるとされている非常に難しい振りつけに挑戦。1日4時間の猛特訓を続け、半年で習得」
■ 「TOEICのスコアを3カ月で100点アップさせることに挑戦。綿密に計画を立てて実行した結果、100点どころか150点アップした」

行動特性08

適 応 力

企業で必要とされている適応力とはこんな特性

会社組織に柔軟かつ迅速に適応する力。主として次の３点の要件がある。①職環境（社風・理念・服務規律・職場）②仕事（内容・やり方）③人間関係（社内・社外）。これらは、同業種でも各企業で違いがある。なお、全国転勤が多くある企業では、生活環境（食・住・土地柄）への適応力も求められる場合がある。

＊この特性は集団討論やグループワーク形式の試験の場で、グループにどう適応するかで判断されることがある。雰囲気を協調し合う前向きなものに変え、グループのメンバー全員と、一つの目標に向かって協力し合う姿勢を見せることが大切。

ここに注意！ 「甘い状況のエピソードでは、適応力があるとは見なされない」

学生の勘違い例 「海外ホームステイで、ホスト家族と仲良くなった。だから、適応力がある」

このような場合、通常、ホスト家族のほうから歓待し、仲良くしてくれるもの。甘い状況におけるエピソードを出しても、適応力があるとは思われない。厳しい状況下で適応したり、その状況（組織）において、何らかの役割を担うなど、なくてはならない存在にまで成長したかどうか（適応の成果）を伝えること。

厳しい状況（逆境・苦境）を乗り越えて、適応したエピソードこそ、高く評価される

自分に近い例をチェックしてみよう

適応力を立証する具体例

アルバイト

□ どんな環境の仕事場でも、すぐに慣れることができる

□ 別の仕事を任されても、すぐに対応できる

□ 仕事のやり方が変わっても、すぐに対応できる

□ 新しいメンバーとも、すぐに協力し合える

● サクセスライフ自己分析③長所発見自己分析

□ どんなお客様にもきちんと応対することができる
□ お客様の反応を敏感に読み取りながら行動している
□ 仕事を早く覚えることができる
□ クレームなどにも迅速に対応するようにしている

サークル・部活

□ 新しい道具や練習方法などを常に取り入れるようにしている
□ 練習メニューが変わっても、すぐについていける
□ メンバーや指導者が代わっても、すぐになじむことができる
□ 他校や違う部活・サークルの人とも積極的に交流を図っている

学業（ゼミ）・その他（課外活動）

□ 新しい研究方法や研究課題にすぐに取り組める
□ 海外旅行（留学）で現地の人と仲良くなったことがある
□ 引越しが多かったので、全国各地に友人がいる
□ 編入（転校）の経験があり、それぞれに友人が多い
□ 初対面の人とでもうまく会話できる
□ 相手の状況を読み取りながら行動できる
□ 新しいことを始めたり新しい情報を活用することが好きである
□ オンライン授業を短期間で習熟し、学習効率を高め、高い成績を得た

✎ 自分の具体的なエピソードを書き出してみよう

この特性をポイントにした自己PRはこう作る

■ 「海外ホームステイでは、自ら日本料理や盆踊り、日本アニメの物まねなどを披露、その結果、共に涙でお別れするくらい仲良くなった」

■ 「父の転勤で、東京、大阪、福岡、富山の4都市に住んだ。大阪弁、博多弁、富山弁も使いこなす。各都市に多数の親友、行きつけの店がある」

第2部 自己分析を行う

行動特性09

規律順守力（服務規律、マナー、モラル、コンプライアンス）

企業で必要とされている規律順守力とはこんな特性

業務上、決められた諸規則や上司の指示、および社会人としてのマナーやモラルを守ることができる力。

■ 規律順守力を伴う行動の具体例

就業規則に違反しない、業務マニュアルを正しく理解し実行する、上司の指示に従う、業務上の機密を守る、虚偽の報告をしない、公私混同しない、行き過ぎて権限行使をしない、言葉遣い・服装・身だしなみに注意する、など。

＊就職活動時には、挨拶のしかたや態度、マナー、言葉遣い、素直さなどで判断される。

ここに注意！ 「社会人と接しているだけでは、規律順守力があるとは見なされない」

学生の勘違い例 「アルバイト先で社会人と接することが多くあった。だから、規律順守力がある」

社会人と接しているかどうかではなく、どのように接していたかが問題。敬語をきちんと使えているか、相手の立場を理解して接しているか。また、アルバイトとはいっても店の一員であると意識して行動しているだろうか。自分の言動を社会人に判断してもらうと、同世代の友人との間だけでは見えない部分も見えてくる。

自分の立場にふさわしい言動が取れているか、日常生活から、挨拶や言葉遣い、マナーやモラルに気を配ることも大切

自分に近い例をチェックしてみよう

規律順守力を立証する具体例

アルバイト

☐ 無断で遅刻したり休んだりしたことはない

☐ 仕事中の私語はつつしんでいる

☐ 社員や先輩から指示されたことはきちんと守っている

☐ 人の目がないところでもサボらず働いている

160

● サクセスライフ自己分析③長所発見自己分析

□ 業務マニュアルをきちんと理解している
□ わからないことは上司や先輩の判断を必ず仰ぐようにしている
□ 正しくないことに対して、他人に注意できる
□ 仕事場で得た情報は外では話さないようにしている

サークル・部活

□ 練習をサボったことはない
□ 上下関係の厳しい部活に所属している

学業（ゼミ）・その他（課外活動）

□ 授業に遅刻したことはない
□ 授業をサボったことはない
□ 提出物は期限前に提出することを心がけている
□ 場所や状況をわきまえた服装を心がけている
□ 正しい敬語が使える
□ 目上の人に対しては礼儀正しくを心がけている
□ 約束した時間の 10 分前には到着するようにしている
□ ウソをつくことから信頼関係が失われると思う
□ 相談を受けたことはむやみに他人に話さないようにしている
□ 家族や近所の人にきちんと挨拶をしている

📝 自分の具体的なエピソードを書き出してみよう

この特性をポイントにした自己 PR はこう作る

■「書道を 6 年間習う。字はもちろんだが、姿勢や言葉遣い、マナーなど、礼儀作法も厳しく指導され、しっかり身についた」
■「学生時代はバレーボール部に所属。朝練、夕練、夏季の合宿訓練と厳しい練習も一度も休まず出席。体力と精神力、上下関係の規律も身についた」

行動特性 10

コミュニケーション能力

企業で必要とされているコミュニケーション能力とはこんな特性

業務上、組織の一員として、社内・社外の人たちに働きかけ、信頼関係を構築し、仕事における最大の協力を引き出せる（協力関係を構築できる）能力。また、それを維持していけることが重要。

■ **コミュニケーション能力を伴う行動の具体例**

挨拶、笑顔、気配り、正直さ、まめさ、相手の話を正確に聞き取り、理解できること、TPO に合った言葉・内容の会話ができること、言いたいことを正確に伝えることができること、場をなごませるユーモア、印象を高めるボディランゲージ・表現力、えり好みせずに誰とでもつき合う社交性、など。

ここに注意！ **「仲良くなるだけでは、コミュニケーション能力があるとは見なされない」**

学生の勘違い例 「アルバイト先の仲間全員と仲が良い。だから、コミュニケーション能力がある」

仲が良いことにより、仕事中に談笑したり、気が緩んだり、馴れ合いが起きたりすることで、仕事の内容・効率が落ちることがある。仕事にプラスに働いていると思われなければ評価されない。

仕事にプラス効果があると思われることもエピソードで立証できなければ、アピールできる特性にはならない

自分に近い例をチェックしてみよう

コミュニケーション能力を立証する具体例

アルバイト

□ ほかの人が困っていたらサポートするようにしている

□ 同じ職場の一人ひとりに欠かさず挨拶している

□ 自分の仕事の手が空いたら仲間を手伝うようにしている

□ 同じ職場の仲間には自分から話しかけるようにしている

● サクセスライフ自己分析③長所発見自己分析

□ 努力した仲間をほめるようにしている
□ 上司や先輩のアドバイスを積極的に受けるようにしている
□ お客様に気持ちを込めて挨拶している
□ お客様に笑顔で接することを心がけている
□ お客様に顔を覚えてもらうことが得意である
□ リピーターになってくれたお客様がいる

サークル・部活

□ 練習などに積極的に参加している
□ 仲間の悪いところもきちんと指摘できる
□ ほかの学校やサークルの人とも積極的に交流を図っている
□ 後輩やほかの部員によく声をかけるようにしている
□ 対面で集まれないとき、オンラインミーティングを主催して交流を深めた

学業（ゼミ）・その他（課外活動）

□ 共同発表のときには全員の意見をきちんと聞くようにしている
□ 近所の人などへの挨拶は欠かさない
□ 初対面の人とでもすぐに打ち解けられる
□ 家族との会話を積極的に行っている
□ 相手に合わせた話し方ができる

✎ 自分の具体的なエピソードを書き出してみよう

この特性をポイントにした自己PRはこう作る

■「アルバイト先では全員としっかり声をかけ合い、お互いにミスがないようにチェックし合ったり、即サポートに入ったりしている」

■「テニス部で渉外担当。ほかのテニスサークル10団体の担当者と活発に交流し、練習試合を企画・運営。私の提案で4大学対抗戦も実行」

第2部 自己分析を行う

163

行動特性 11

積極性（主体性、チャレンジ精神、改善意欲、変革意欲）

企業で必要とされている積極性とはこんな特性

業務の円滑な遂行や目標の達成、会社全体の利益のために、現状に甘んじることなく、困難な状況に負けずに、自ら進んで仕事の質や量に関する改善・変革・提案・拡大などの努力を粘り強く行うことができる力。

■ 積極性を伴う行動の具体例

上司から言われなくても仕事を見つけて行う、与えられた以上の仕事を行う、難しい仕事にも進んで取り組む、業務の改善をする、業務の変革をする、前例がないことにも挑戦する、会議で意見を言う、ときには自らを追い込んででも取り組む、仕事に関する知識・技能の向上に努める、など。

ここに注意！ 「組織の秩序を乱す行動は、積極性とは見なされない」

学生の勘違い例 「正しいと思ったことは上司が反対しても実行。だから、積極性がある」

企業の中では、いくら正しいと思ったことだとしても、規則や上司の指示命令を無視してまで行うことは許されない。実行に移す前に提案という形を取るのが筋。また、それが組織全体の利益に結びつくことも具体的に説明できなければならない。

自分の立場を認識したうえで取った行動か、また結果がどう出たかによって、積極性としてアピールできるかどうか変わってくる

自分に近い例をチェックしてみよう
積極性を立証する具体例

アルバイト

□ 人が嫌がる仕事も率先して引き受けている

□ 自分の仕事の手が空いたら仲間を手伝うようにしている

□ 休んだ人の分もカバーして働くようにしている

□ 業務を改善するための提案を常に行っている

● サクセスライフ自己分析③長所発見自己分析

- ☐ 自分の提案が受け入れられたことがある
- ☐ 与えられた以上の仕事をするように心がけている
- ☐ 難しい仕事にも率先して取り組むようにしている
- ☐ 仕事を効率良く行うための努力を常に行っている
- ☐ 直接仕事に関連のあることは進んで覚えるようにしている
- ☐ 前例がない仕事にもチャレンジするようにしている
- ☐ 上司や先輩のアドバイスを進んで受けるようにしている

サークル・部活

- ☐ 効果的な練習方法を常に提案している
- ☐ 自分でサークルを発足させたことがある
- ☐ 前例がないイベントを行う提案をしたことがある
- ☐ ほかの学校やサークルの人にも交流を働きかけている
- ☐ 到達レベルを設定して、それより上達しようと努力している

学業（ゼミ）・その他（課外活動）

- ☐ ゼミの討論では進行役をかって出ている
- ☐ 難しい課題にも率先して取り組むようにしている
- ☐ わからないことはとことん調べるようにしている
- ☐ よりレベルの高い資格を取得しようと勉強している

✐ 自分の具体的なエピソードを書き出してみよう

この特性をポイントにした自己PRはこう作る

- ■「アルバイト先では、自分が正しいと思ったことは会議で積極的に提案、提案書を書いて上司に提出している。2年間で50件以上の提案をした」
- ■「ゼミの研究で、地域経済の実態調査をするに当たって、前年の5倍の規模の企業訪問をすることにし、200社のデータ収集に成功した」

第2部 自己分析を行う

行動特性 12

責 任 感

企業で必要とされている責任感とはこんな特性

　業務上で与えられた役割を自覚し、自分に求められている成果を達成するために、社会や組織の規則を破ることなく、全力で努力することができる力。社会や組織全体の視野に立って行動することが重要。

■責任感を伴う行動の具体例

　与えられた仕事は最後までやりとげる、仕事の進捗状況を常に把握、上司に対する報告を怠らない、業務の円滑な推進のために他者をサポートしたり他者からサポートを得る、責任転嫁・責任逃れをしない、安易な意思決定をしない、アフターケアをしっかりとする、失敗した場合のフォローをしっかりとする、など。

ここに注意！ 「責任者を務めただけでは、責任感があるとは見なされない」

学生の勘違い例	「居酒屋のアルバイトでフロアー責任者を務めた。だから責任感がある」

「責任者＝責任感がある」のではない。具体的にその役割でどのような行動を取ったか、また成果を出したかが重要になってくる。立証エピソードとして他者からの客観的な評価を具体的に挙げていけるとアピールポイントにできる。

責任感があることが感じられる具体例が大切。特に客観的評価に基づく具体例を出してアピールポイントとしていこう

自分に近い例をチェックしてみよう

責任感を立証する具体例

アルバイト

- □ 指示された時間内に仕事を終わらせるよう心がけている
- □ 時間内に終わらなかった仕事は残業してでも終わらせるようにしている
- □ 質の高い仕事を追求する努力をしている
- □ ミスのない仕事を追求する努力をしている

● サクセスライフ自己分析③長所発見自己分析

□ ミスをしてもそれをフォローする努力をしている
□ 上司や先輩に対する報告・連絡をこまめに行っている
□ 与えられた以上の仕事をしようと努力している
□ 自分の態度がその店の態度ととらえられると意識して接客している
□ 聞かれたことに対してあいまいな受け答えをしないようにしている
□ 金銭のやりとりを正確にするように心がけている

サークル・部活

□ 自分のポジションや立場を認識して行動している
□ チームに貢献するために自己練習も行っている
□ 就いている役職の仕事は全力で果たすようにしている

学業（ゼミ）・その他（課外活動）

□ 自分から提案したことは必ず実行している
□ チームでの発表では担当した事柄を完璧に調べるようにしている
□ 提出物は期限前に提出するように心がけている
□ 人から頼まれたことは何があってもやりとげるようにしている
□ 相談を受けたことはむやみに他人に話さないようにしている
□ 約束はきちんと守るように心がけている
□ 自分の発言に責任を持てるように心がけている

📝 自分の具体的なエピソードを書き出してみよう

この特性をポイントにした自己PRはこう作る

■「居酒屋のアルバイトで、フロアー責任者として注文率アップに努め、店の売上が地域1番になった。この結果、店長から表彰された」
■「陸上部に所属。駅伝の選手としてチームの優勝に向かって努力。区間タイムを20秒縮めて、大会入賞に貢献」

第2部 自己分析を行う

行動特性 13

問題認識力（問題発見力、気づき、直観力）

企業で必要とされている問題認識力とはこんな特性

　職場や仕事の状況を客観的に観察して、業務の円滑な遂行や目標の達成、企業全体の利益のために支障となっている問題を発見できる力。また、あるべき姿とのわずかなズレや異変によって起こり得るトラブルを未然に察知できる力。これらを解決するために努力し、具体的な行動に移せる力も必要となる。

■ 問題認識力を伴う行動の具体例

　在庫の置き方で品出し時間が短縮できることに気づく、商品の発送コストを下げられることに気づく、パンフレットの説明が誤解を生じやすい表現であることに気づく、現状のサービスにお客様は不満があることに気づく、など。

ここに注意！ 「客観的な根拠がなければ、問題認識力があるとは見なされない」

学生の勘違い例 | 「アルバイトで商品構成が、店の特性に合っていないと気づいた。だから、問題認識力がある」

気づいたことが正しいかどうか、これだけでは判断できない。また、気づいただけで、それを改善するまでに至っていない。客観的な根拠をもとに解決の方策まで導き出せなければ、アピールポイントにはならない。

客観的な根拠や、認識したことに対して取った行動の結果（成果）を具体的に挙げることが大切

自分に近い例をチェックしてみよう

問題認識力を立証する具体例

アルバイト

□ 仕事の効率を改善したことがある
□ 経費を削減する努力をしたことがある
□ 商品の売れない原因を突き止め、改善したことがある
□ 仕事の流れを全部理解している

168

● サクセスライフ自己分析③長所発見自己分析

□ ミスにすぐ気づくようにしている
□ 一度おかしたミスは二度とおかさないようにしている
□ 失敗を未然に防ぐように努力している
□ 社員や先輩に確認しながら仕事をしている
□ 優先順位をつけたうえで仕事をしている
□ 問題点とその対処方法を常に認識しながら仕事している
□ 仲間に問題があると気づいたら、フォローできるように努力している
□ クレームになりそうな事態には、すぐに対処できるようにしている
□ お客様の不満に気づき、それを改善する努力をしている

サークル・部活

□ 練習方法を効率的に改善したことがある
□ 部費の使い方のむだを洗い出し、削減する努力をしたことがある
□ 効率良く研究できるように調査方法を改善したことがある

学業（ゼミ）・その他（課外活動）

□ 一度間違えた問題は二度と間違えないように勉強している
□ 授業で疑問点やわからない点は積極的に質問している
□ わからないことは徹底して調べて解決するようにしている
□ 自分の短所を冷静に見つめ、それを改善する努力をしている

✎ 自分の具体的なエピソードを書き出してみよう

この特性をポイントにした自己PRはこう作る

■「アルバイトで毎日商品を販売していて、商品構成が店舗の客層と合っていないと気づいた。そこで、改善案を提案し実行したら、売上が10%伸びた」
■「サークルの会計係として年間経費の見直しに取り組み、むだを徹底的に洗い出して、全体で20万円の経費削減に成功した」

169

行動特性 14

情報収集力（状況把握力、情報整理力）

企業で必要とされている情報収集力とはこんな特性

　業務の円滑な遂行や目標の達成、会社全体の利益のためになるように、仕事や商品に関する情報、自らの部門および関連部門の情報、同業他社の情報の収集に日々努め、それを整理し、活用できる力。ただし、誤った情報やあやふやな情報では、正しい判断ができないので、高い精度であることが必要不可欠。

■ 情報収集力を伴う行動の具体例

　新聞や専門誌・ビジネス雑誌を講読する、他部門の社員ともコミュニケーションを取る、同業他社の人や専門家と交流する、異業種交流会などに参加する、自社や他社の店舗・展示会に足を運ぶ、など。

ここに注意！ **「ただ調べるだけでは、情報収集力があるとは見なされない」**

学生の勘違い例	「わからないことは即座にインターネットで調べる。だから、情報収集力がある」

インターネットを使って情報収集するのは初歩的なやり方で、誰でも行っている。そこからさらに踏み込んだ情報収集ができているかが大切。また、収集した情報が確実なものであるか、情報を集めただけになっていないかも重要になる。

自らの足を使ったりして、可能な限り直接的に情報収集できているか、また確実な情報を入手し、それを整理して上手に活用できることも重要

自分に近い例をチェックしてみよう

情報収集力を立証する具体例

アルバイト

□ 販売している商品を全部覚えている

□ 販売している商品の特性を把握している

□ 売れ行きの良い商品と悪い商品の区別ができる

□ 自分の担当している商品の競合商品を挙げられる

170

● サクセスライフ自己分析③長所発見自己分析

□ お客様の顔を 10 人以上覚えている
□ 仕事ができる人の行動を、常に観察して見習うようにしている
□ 働いている店舗の周辺の環境変化などに、常に目を配っている

サークル・部活

□ 新しい道具や練習方法などを常に研究している
□ 他校や違う部活・サークルの人とも積極的に交流を図っている
□ 強いチームの練習方法などを学ぼうとしたことがある

学業（ゼミ）・その他（課外活動）

□ 研究でわからないことがある場合には取材やアンケートを行う
□ 授業では必ずメモを取り、必要なことをまとめている
□ 自分なりに集めて整理（スクラップ）している情報を持っている
□ 新聞は毎日欠かさず読んでいる
□ わからないことを多方面から調べる方法を知っている
□ 情報を集めるための人脈を持っている
□ 必要な情報とそうでない情報が整理できる
□ 新商品が出たらすぐに試して特性を把握している
□ 最近のベストセラーをすぐに 10 冊挙げられる
□ 最近はやっているものをすぐに 5 つ挙げられる

🖊 自分の具体的なエピソードを書き出してみよう

この特性をポイントにした自己 PR はこう作る

■「ゼミの研究では、インターネットで取り扱い業者をまず調べ、3 社に取材。
　一般には発表していない情報を聞き出し、企業の最新動向をつかんだ」
■「飲食店のアルバイトでは、競合店にこまめに食事に行き、商品やサービ
　ス内容、店舗作り、社員の動きをチェックし、自分の仕事に役立てた」

第2部　自己分析を行う

行動特性 15

プラス思考力（メンタルコントロール）

企業で必要とされているプラス思考力とはこんな特性

業務を遂行するうえで、どんなに困難なことやつらいことがあっても、あきらめることなく、その状況を前向きにとらえ、積極的な気持ちを引き出して、目標達成に向けて力強い努力ができるような力。これは、我慢しながら取り組むという受動的なものではなく、とらえ方を変えることによって、逆にやる気を高め、積極果敢に取り組むという能動的なものになる。

■ プラス思考力を伴う行動の具体例

高い目標に対して自分を高める機会だと思い挑戦した、失敗しても次に成功する可能性が高まったと考えて失敗の教訓をもとに努力を重ねた、など。

ここに注意！ 「苦境や失敗を正当化するだけの考え方では、プラス思考力があるとは見なされない」

学生の勘違い例 「アルバイトでミスしたが、誰でもミスぐらいするからくよくよしなかった。だから、プラス思考力がある」

これではミスをしたことに対する言い訳と取られてしまう。失敗したことがその後、どのようにプラスの効果となったのかまで明確にできないと、アピールポイントにはならない。

失敗したことをプラス思考力に結びつけるには、それがその後の力強い努力や発展につながっていることを明確にするべき

自分に近い例をチェックしてみよう
プラス思考力を立証する具体例

アルバイト

☐ 地味な仕事でも積極的に引き受けている
☐ 困難な仕事でも積極的に引き受けている
☐ 交渉ごとにも粘り強く取り組める
☐ クレームの対応も率先して行う

● サクセスライフ自己分析③長所発見自己分析

□ 失敗したことについて改善する方法を見つけるようにしている
□ 苦手なお客様にも積極的に対応するようにしている
□ 以前しかられたことのあるお客様に再評価されたことがある
□ 仕事を効率良く行うための努力を常に行っている
□ 単純な作業でもコツコツ続けられる

サークル・部活

□ 雑用も率先して行っている
□ 掲げた目標を達成するために地道な練習を続けている
□ 成果がすぐに出なくても辛抱強く練習を続けている
□ 苦手なことほど練習するようにしている
□ 試合などで負けてもあきらめず、再チャレンジするようにしている

学業（ゼミ）・その他（課外活動）

□ 苦手分野ほど勉強して克服するようにしている
□ 地道な調査でもコツコツ行っている
□ グチや不平を言わないように心がけている
□ 気持ちを切り替えることが得意である
□ 嫌なことがあっても投げ出さない
□ 失敗は成功するために必要なプロセスだと思う

📝 **自分の具体的なエピソードを書き出してみよう**

この特性をポイントにした自己PRはこう作る

■「アルバイトでミスしてしまったが、これを成長のバネにするべく反省点を書き出して、仕事が一番できる人に教えを請い、理想的な対処法を研究した」
■「学校一厳しい練習をするテニス部に入部、全体の8割は脱落する中、私は厳しいほど早く実力がつくと考え、練習にはげんだ」

行動特性 16

創造力（新規開発力、創意・工夫力、発想力）

企業で必要とされている創造力とはこんな特性

仕事の発想・内容・手段などで、他人が考えつかないような新規のアイデアや斬新なアイデアを考え出すことができる力。

■ **創造力を伴う行動の具体例**

ある商品について、従来とは全く異なる用途や従来なかったサービスを考えついた、ある商品の斬新なキャッチフレーズを考えついた、他社の商品とは全く異なるデザインを考えついた、対象となる層以外に販売する手段を考えついた、作業時間を短縮する方法を考えついた、など。

ここに注意！ 「創造力があることを認めてもらえるかどうかは、説明のしかた次第」

学生の勘違い例 「アルバイトで売上を増やすために割引券を作った。だから、創造力がある」

割引券を作っただけだとしたら、どこの店でもやっており、誰でも考えつくこと。新規性は感じられない。よって、これだけでは創造力があるとまではいえない。そこに自分なりの工夫や努力したこと（オリジナリティー）、またその結果どのような効果があったかまでを具体的に立証する必要がある。

新規性、オリジナリティーがあること、また、その効果があったことまで具体的に立証できるようにする

自分に近い例をチェックしてみよう
創造力を立証する具体例

アルバイト

- □ 効率の良い仕事の進め方を考えながら行っている
- □ 効率的に仕事するための改善策を常に提案している
- □ 仕事の方法に自分なりの工夫を加えることが得意
- □ 新しい仕事方法を考え、成果を出したことがある

● サクセスライフ自己分析③長所発見自己分析

サークル・部活

☐ 新しい練習方法を考え、成果を出したことがある
☐ 新しいサークルを立ち上げたことがある

学業（ゼミ）・その他（課外活動）

☐ 新しい研究方法を考え、成果を出したことがある
☐ 文章（詩・物語）を創作することが得意
☐ デザインやイラストを描くことが得意
☐ 曲を作ることが得意
☐ 創作料理が得意
☐ キャッチコピーなどを考えることが得意
☐ 洋服や小物を組み合わせてファッションを工夫することが得意
☐ 創意工夫をしたことが人から評価されたことがある
☐ 新しいアイデアを考え出すのが得意
☐ あるものを組み合わせて新しいものを作り上げることが得意
☐ 前例がないことでも積極的にチャレンジする
☐ 身のまわりの環境を変化させることが好き
☐ 情報収集をよく行い、新しいものを常に発見している
☐ 思いついたことは常にメモを取ることを習慣づけている

✎ 自分の具体的なエピソードを書き出してみよう

この特性をポイントにした自己PRはこう作る

■ 「アルバイトで売上を増やすために割引券を作った。印象を高めるために、商品をかたどった形状ものを制作した。大好評で売上は30％も伸びた」
■ 「バスケットボール部に所属。新しい練習方法を考え出し、リーグ戦で前年よりも好成績を収めることができた」

第2部 自己分析を行う

行動特性 17

文 章 力

企業で必要とされている文章力とはこんな特性

　ビジネスの場で求められる文章力には一般的に次の3要件がある。①伝えたい情報を正確に伝えられること②相手に起こさせたい行動を確実に起こさせられること③より円滑な業務関係を構築・維持できること。

　文章を書く仕事以外でも、さまざまな場面で文章力が求められる。社内外のビジネス文書（注文書、見積書、報告書、提案書、企画書など）から、広告やマニュアル（ポップ、パンフレット、説明書など）、添え状、挨拶状、紹介状、慶弔時の手紙や年賀状など、文章でさまざまなことを伝えなければならない。その際に上記を踏まえ、対象や媒体、時、状況に応じた書き方ができなければならない。

ここに注意！ **「私的な文章と公的な文章では、書き方は全く異なる」**

学生の勘違い例 | 「毎日、日記を書いている。だから、文章力がある」

友人との会話で使う言葉と敬語が異なるのと同様、私的な文章とビジネスにおける文章とは全く異なる。文章を書き慣れているとの一定の評価は得られるが、日記や友人とのメールだけでは、文章力があるとまではいえない。

ビジネス文書や企画書の書き方についての本も読んで、ビジネスの場における文章の基本も押さえておくべき

自分に近い例をチェックしてみよう

文章力を立証する具体例

アルバイト

□ 店頭のポップやポスターの作成を任されたことがある

□ ビジネス文書の作成を任されたことがある

□ 文章を書くアルバイトをしたことがある

□ 広報・パンフレット作りなどに参加したことがある

● サクセスライフ自己分析③長所発見自己分析

サークル・部活

□ イベントなどの企画書を作成したことがある
□ 部の紹介文やパンフレットの作成などを任されたことがある
□ 活動（練習）内容が誰にでもわかるマニュアルを作成したことがある

学業（ゼミ）・その他（課外活動）

□ レポートがわかりやすいとの評価を得ている
□ ビジネス文書やマナーに関する資格を取得している
□ 人に取材して文章にまとめられる
□ 今まで文章を書いて賞に入選したことがある
□ 文章を書くことに慣れている
□ 要点を押さえた文章を書ける
□ 読みやすい文章を書くことができる
□ 短時間で文章をまとめられる
□ キャッチコピーなどを考えることが得意
□ 目上の人に対して手紙を書く機会が多い
□ お礼状や時候の挨拶状などをこまめに書いている
□ 漢字に強い
□ 読んだ本や見た映画の内容を要約して人に伝えられる

自分の具体的なエピソードを書き出してみよう

この特性をポイントにした自己PRはこう作る

■「インターンシップで商品の操作説明書を作成する仕事をした。100ページ、50項目分の文章を書き、社員の方からわかりやすいとの言葉を頂いた」
■「ビジネス文書検定2級、秘書検定準1級の資格取得に挑戦し、合格。ビジネスマナーに則った文章の書き方を身につけた」

行動特性 18

プレゼン力（伝達力、説得力、説明力）

企業で必要とされているプレゼン力とはこんな特性

社内外の人に対する、企画や提案、商品・サービスなどの発表の場で、与えられた時間内で、その推進、採用などの（聞き手の）判断を、（話し手の）意図通りに誘導できる力。反対を賛成に変えられるぐらいの説得力が求められる。

プレゼン力とは、次の３つの要素からなる。①話の流れの構成力（論理的かつドラマチックであること）②プレゼンテーションソフトや機材、配付資料の活用能力・制作能力（わかりやすく、印象的であること）③話術（声、表情で説得力を出し、ユーモアも盛り込みながら効果的に話せること）。

ここに注意！ 「発表するだけでは、プレゼン力があるとは評価されない」

学生の勘違い例 ｜「ゼミでよく研究発表をしていた。だから、プレゼン力がある」

ビジネスの場では、どんなにすばらしい企画や提案、商品・サービスでも、伝える力が未熟だと、その真価を認識してもらえず不採用となることが多々ある。話し手の意図する方向に、聞き手の判断を誘導できなければ、プレゼン力があるとは見なされない。よって、単に発表しただけでは、プレゼン力とは呼べない。

プレゼンした結果、相手に自分の企画や意見を認めさせたり、採用させたというエピソードがないと、アピールできる特性にはならない

自分に近い例をチェックしてみよう
プレゼン力を立証する具体例
アルバイト

☐ 人にものを勧めるアルバイトをしたことがある

☐ 勧めたものをお客様が買ってくれたことがある

☐ ものを勧めるときには興味を引くような勧め方ができる

☐ 販売している商品の長所・短所を客観的に説明できる

● サクセスライフ自己分析③長所発見自己分析

□ 販売している商品と競合している商品の内容・特性の違いを説明できる
□ 司会などのアルバイトをしたことがある

サークル・部活
□ 大勢の前で発表（パフォーマンス）したことがある
□ 自分のパフォーマンスでみんなを笑わせた（感動させた）ことがある

学業（ゼミ）・その他（課外活動）
□ 研究発表がわかりやすいとほめられたことがある
□ 発表の際には声や表情などにも気を配っている
□ ゼミではよく司会進行役を任されている
□ 効果的な話し方のコツをつかんでいる
□ ノートやメモは誰が見てもわかるように取っている
□ 反対意見の人を賛成意見に変えた経験がある
□ 決められた時間内にまとめて話ができる
□ 人に的確にアドバイスできる
□ 自分の意見を明確に伝えられる
□ 話し上手だとよくいわれる
□ パワーポイント資料をわかりやすく作って、プレゼンするのが得意
□ オンライン（Zoom や Google Meet など）で、プレゼンするのが得意

✏ 自分の具体的なエピソードを書き出してみよう

この特性をポイントにした自己 PR はこう作る
■ 「インターンシップで営業職を経験。お客様のオフィスに出向き、商品の
プレゼンテーションを行い、商品 10 セットの販売に成功」
■ 「ゼミで研究発表を行う。当初は私の研究内容に否定的であった教授も積
極的に支持してくれるようになり、研究予算を増額してくださった」

行動特性 19

交渉力（折衝力、渉外力）

企業で必要とされている交渉力とはこんな特性

業務の円滑な遂行や目標の達成、会社全体の利益のために、社外の人、あるいは社内の他部門の人に対して、たとえ不利な状況であっても、理解・協力を取りつけたり、利害関係を最適な形に調整したり、企画・商品・サービスの採用・購入などを決断させることができる力。

交渉力は次の8点で構成される。①交渉相手に対する研究力②交渉を有利に展開できるデータ力③事前の準備力・根回し力④交渉の場面やタイミングの設定力⑤粘り強い精神力⑥柔軟な駆け引き力⑦相手の立場や考え方をすばやく察知する理解力⑧相手に共感や信用を生む誠意ある態度。

ここに注意！ 「交渉しただけでは交渉力があるとは評価されない」

学生の勘違い例 「サークルで渉外係を担当。だから、交渉力がある」

海外旅行の経験があっても英語力が身についているとは限らないように、交渉の役職についていただけでは交渉力が身についているとはいえない。実際にどのような交渉をしたか、またその結果得られた成果まで具体的に出せるようにすること。

高い目標を達成するためや不利な状況を克服するために行われた交渉は、成果とともに伝えられないと、アピールできる特性にはならない

自分に近い例をチェックしてみよう
交渉力を立証する具体例

アルバイト

- □ 交渉の結果、契約（販売）を獲得したことがある
- □ どんなお客様とでもコミュニケーションが取れる
- □ 商品の説明でお客様に納得してもらった経験がある
- □ クレームのあったお客様に納得してもらったことがある

● サクセスライフ自己分析③長所発見自己分析

- ☐ お客様の興味を引く話し方ができる
- ☐ お客様と会話を持続することができる
- ☐ お客様が何を望んでいるかを察知して行動している
- ☐ 辞めようとしていた仲間を説得して続けさせた経験がある
- ☐ 販売や営業の経験がある

サークル・部活

- ☐ 交渉の結果、有利な条件を引き出せたことがある
- ☐ 辞めようとしていた部員を説得して引き止めたことがある

学業（ゼミ）・その他（課外活動）

- ☐ 研究テーマをみんなに受け入れてもらえたことがある
- ☐ 交渉して取材を了承してもらったことがある
- ☐ 交渉ごとでは相手が納得するように説明できる
- ☐ 不利な状況から相手を説得することができる
- ☐ 反対意見を説得して提案を受け入れてもらったことがある
- ☐ 相手の興味に合わせた話し方ができる
- ☐ 相手の意見も考えながら自分の考えを通していくことができる
- ☐ 具体例を出しながら交渉するようにしている
- ☐ 話題の引き出しをたくさん持っている

✎ 自分の具体的なエピソードを書き出してみよう

この特性をポイントにした自己PRはこう作る

- ■「サークルで渉外係。ミニコミ誌に広告掲載の交渉を行い、20社の契約を獲得。昨年度よりも売上を25％増加させる」
- ■「野球部でマネジャーを務める。合宿の手配で旅行会社と交渉。昨年度よりも人数は1割増えたにもかかわらず、料金は1割減らすことに成功」

第2部 自己分析を行う

行動特性20

ピンチ対処力

企業で必要とされているピンチ対処力とはこんな特性

業務において、状況の変化や不測の事態、自己あるいは他の社員によるミス、顧客や他部署からクレームなどがあった場合に、的確な対処を沈着冷静かつすばやく取り、次の2点ができる力。①業務の円滑な遂行や目標の達成を行う②会社全体の利益に対する損失を最小限に食い止める。

また、上記のピンチを業務内容や組織のありかた、士気、商品・サービスなどの向上や改善に役立てて、中長期的にはプラスの効果をもたらすことができるようにすることも重要である。

ここに注意！ **「クレーム処理をしただけでは、ピンチ対処力があるとは見なされない」**

学生の勘違い例 「アルバイトではクレーム処理係。だから、ピンチ対処力がある」

ピンチに対する慣れがあるということで、ある一定の評価は受けられるが、実際にどう対処してピンチを切り抜けたか、またそれを業務内容や商品・サービスの改善にどのように役立てたかまで伝えられないと、ピンチ対処力があるとは見なされない。

ピンチに対する処置の具体例（成功例）、その結果のプラス効果まで伝えられるようにすることが重要

自分に近い例をチェックしてみよう

ピンチ対処力を立証する具体例

アルバイト

- ☐ トラブルに備えて仕事をしている
- ☐ トラブルが起こっても冷静に判断できる
- ☐ クレームにも動じず対応できる
- ☐ クレームになりそうな事態をすぐに察知できる

● サクセスライフ自己分析③長所発見自己分析

☐ お客様からの指摘をプラスに変えられるようにしている
☐ 職場の問題点を認識して仕事している
☐ 自分の担当外でも、とっさのときには対応できるようにしている
☐ 同じミスを繰り返さないための方法を常に考えている
☐ ミスをしても、そのフォローができるように考えながら行動している
☐ 別の仕事を任されても、すぐに対応できるようにしている
☐ 仕事の方針が変わっても、すぐに対応できるようにしている
☐ すばやい行動を取れるように常に準備している

サークル・部活

☐ 部での重要な決定事項を任されることが多い
☐ 負けた相手には二度と負けないように対策方法を考えて練習している

学業（ゼミ）・その他（課外活動）

☐ 一度間違えた問題は二度と間違えないよう勉強している
☐ 主観に頼らず客観的な判断で決定することができる
☐ 苦手分野ほど勉強して克服するようにしている
☐ 状況を冷静に見極め、瞬時の判断力を働かせられる
☐ 早め早めの行動を取るようにしている
☐ 失敗を成功に変えた経験がある

✎ 自分の具体的なエピソードを書き出してみよう

この特性をポイントにした自己PRはこう作る

- ■「アルバイト先でお客様からクレームがあった際に、これをレポートにまとめ業務改善案を社長に提出。高く評価され、全店で採用される」
- ■「サッカー部で中核の立場にもかかわらず試合前に負傷。しかし、メンバーを適切に配置し指示を出したことで、準優勝に導くことができた」

第2部 自己分析を行う

183

行動特性21

論理的思考力

企業で必要とされている論理的思考力とはこんな特性

　業務の円滑な遂行や目標の達成、会社全体の利益のために、先入観や感情に左右されることなく、物事を筋道立てて分析・判断し、次の4点が行えるような力。①複雑な情報も理路整然とした形に整理②状況を的確に把握③立場、経験、知識、指向、思想が全く違う他者にも自分の伝えたい内容を理解してもらうことができる④目標を達成するための順序（段取り）を効率的に組み立て、最少の時間・経費・労力で成果を挙げることができる。

ここに注意！ **「数学が得意なだけでは、論理的思考力があるとは評価されない」**

学生の勘違い例	「理系で数学が得意である。だから、論理的思考力がある」

数学が得意ということは、上記の定義の①②の能力が高いことにつながるが、ビジネスの場では、これだけでは不十分である。上記の③④までできることが大切。他者に伝える力と、考えるだけでなくそれを実行する力があるかどうかがポイントとなってくる。

他者を説得する力、段取りを組み立てる力まであることがわかる具体例を挙げられないと、アピールできる特性にはならない

自分に近い例をチェックしてみよう
論理的思考力を立証する具体例
アルバイト

□ 販売している商品の長所を客観的に説明できる
□ 販売している商品の短所を客観的に説明できる
□ 販売している商品と競合している商品の内容・特性の違いを説明できる
□ 商品の説明でお客様に納得してもらった経験がある

● サクセスライフ自己分析③長所発見自己分析

- ☐ 自分の立場をわきまえて仕事をするよう心がけている
- ☐ 決められた時間内に作業を終わらせることを心がけている
- ☐ 新人に説明するときには順序立てて説明するようにしている
- ☐ やるべきことを一覧にし、優先順位を考えて仕事をするよう心がけている
- ☐ 効率的に行う方法を考えながら仕事をしている

サークル・部活

- ☐ 後輩に教えるときには、具体例を交えながら説明するようにしている
- ☐ 練習を段階的に最善の形で行う方法を考えている
- ☐ 物事を計画的に進めるようにしている

学業（ゼミ）・その他（課外活動）

- ☐ ゼミなどでは筋道立てて発表するようにしている
- ☐ レポートは箇条書きや図を使って見やすくまとめるようにしている
- ☐ ノートやメモは誰が見てもわかるように取っている
- ☐ 討論では相手の論点を整理するようにしている
- ☐ 相手を説得するためにさまざまな角度から根拠を提示している
- ☐ 客観的な判断ができるように情報を多方面から集めている
- ☐ 商品を選ぶ際にはさまざまな視点から比較検討している
- ☐ データに基づき合理的に判断するようにしている

自分の具体的なエピソードを書き出してみよう

この特性をポイントにした自己PRはこう作る

- ■「ゼミ運営会議でのプレゼンで、プレゼン前は全員が反対していた私の改革案がプレゼン後は全員が賛成に変わり、満場一致で採択された」
- ■「サークルで、イベントの責任者として、準備段階から、緻密に段取りを組んで実行。昨年よりも経費を10%節約しながら集客を20%増やした」

第2部 自己分析を行う

185

行動特性22

計数感覚（数的思考力、コスト意識）

企業で必要とされている計数感覚とはこんな特性

　各社員の行動や意思決定が、売上、コスト、利益、キャッシュフローなどに、どのように影響するかをすばやく分析・判断し、所属部門や会社全体の目標の達成のために、最適な行動や意思決定ができる力。

■ 計数感覚を伴う行動の具体例

　目標の利益を達成するにはいくらで販売しなくてはいけないか、採算が取れるようにするにはコストをどこまで下げなければならないか、投資を成功させるにはどのように資金計画を立てればよいか、などのすばやい判断。

ここに注意！ **「数字に関する資格を持っているだけでは、計数感覚があるとは見なされない」**

学生の勘違い例	「簿記検定2級を取得。だから、計数感覚がある」

簿記の資格（知識）があるだけでは、その知識が実務レベルで使えているかどうかまでは判断できない。アルバイトや学生生活の中で、それを活かした経験を具体的に出していくことが重要。

知識だけでなく実務経験（売上や利益の向上に貢献したこと）を挙げられないと、特性としてアピールできない

自分に近い例をチェックしてみよう

計数感覚を立証する具体例

アルバイト

☐ 自分が売っているものがどれだけの利益になっているか把握している

☐ 費用対効果を考えながら行動している

☐ 売れ行きの良い商品と悪い商品を把握している

☐ 店の1日の売上と利益を把握している

● サクセスライフ自己分析③長所発見自己分析

□ 利益を上げるためにはどうすれば良いか考えながら仕事をしている
□ 金銭のやり取りはミスなく行うようにしている
□ お金を管理する仕事をしたことがある
□ 簿記や会計の知識を活かした仕事をしたことがある

サークル・部活

□ サークルで会計の職務に就き、部費の管理を任されている
□ 部費の予算組みを担当している
□ 学園祭などで自分で仕入から定価設定までして物品を売ったことがある

学業（ゼミ）・その他（課外活動）

□ 会計学を専攻し、財務諸表を実際に作成して勉強している
□ 数字や情報に裏づけられた決定ができる
□ 3桁以上の暗算ができる
□ 記憶力には自信がある
□ お金の計算が速くて正確である
□ 1カ月に使うお金の予算を決めて、その通り過ごしている
□ 家計簿をずっとつけている
□ 物を探すときには、質と金額を見ながらいくつかのものを比較している
□ むだ遣いせず、倹約に努めている

✎ 自分の具体的なエピソードを書き出してみよう

この特性をポイントにした自己PRはこう作る

■「学園祭実行委員会で会計係。簿記の知識を活かし、貸借対照表・損益計算書・キャッシュフロー計算書を作成。1円のミスもなく黒字運営成功」

■「インターネットのオークションサイトで店を開く。財務諸表を作成し、厳密な損益計算、厳密な経営管理をして、20万円の利益を出した」

第2部 自己分析を行う

行動特性 23

先見力（リスクマネジメント、自己投資）

企業で必要とされている先見力とはこんな特性

　現状を分析し、時代（市場）の流れと会社の進むべき方向性、および自分の仕事の方向性の関係を的確にとらえられる。そして、将来の理想ビジョンを描き、その実現のためには、いつ何をどのようにすべきか（プランニング）、いかにリスクを回避すべきか（リスクマネジメント）を見通して、事前に手を打ち、次の３点を実現できるような力。①現在のビジネスを発展させることができる②将来のビジネスチャンスをつかむことができる③新たなビジネスを創造し、時代（市場）の変化を操ることができる。

　なお、未来の仕事を見すえた自己投資にも手を抜かないことも重要。

ここに注意！ **「未来を予測しただけでは、先見力があるとは評価されない」**

学生の勘違い例	「私が売れると思った商品は必ず売れた。だから、先見力がある」

予測するだけでなく、それに対して何らかの行動を起こし、それが成果に結びついていなければ、ビジネスの世界では先見力があるとは評価されない。また、その予測にも合理的な根拠が必要とされる。

将来を見すえた行動を実際に起こしていること、あるいは未来予測に基づく行動が成果に結びついた例を挙げることが重要

自分に近い例をチェックしてみよう
先見力を立証する具体例

アルバイト

□ 指示される前に行動を取るように心がけている
□ 忙しくなる前にできることはしておくようにしている
□ 売れている商品と売れていない商品の原因を理解している
□ 仕事の流れを全部把握している

● サクセスライフ自己分析③長所発見自己分析

□ 優先順位をつけながら仕事をするようにしている
□ すばやい行動を取れるように常に準備している
□ 失敗してもそのフォローができるように考えながら行動している
□ お客様の行動を観察してニーズをつかむように行動している
□ お客様が何を望んでいるかを察知して行動している
□ 自分が提案したことで、成果を出した例がある

サークル・部活

□ 年間の活動スケジュールをきちんと決めて活動している
□ 大会などに合わせて計画的に練習している
□ 前例のないイベントを立ち上げ、成功させたことがある

学業（ゼミ）・その他（課外活動）

□ テストや資格取得に向けて計画的に勉強している
□ 将来のために勉強していることがある
□ 雑誌や新聞などで常に情報収集している
□ 早め早めの行動を取るようにしている
□ 行動する前に必ず計画を立てている
□ 常に未来の自分像を描いている
□ 計画を実現して成果を出したものがある

✎ 自分の具体的なエピソードを書き出してみよう

この特性をポイントにした自己PRはこう作る

■ 「アルバイトでは、流行を見越して売れると思った商品は多めに仕入れるよう提案し、必ず売れた。その結果、仕入を任され、売上を20％伸ばした」
■ 「金融のゼミに所属。各種経済指標に基づき、金利や為替の変動を予測し、投資シミュレーションを行っているが、半年で元本を30％増やした」

第2部 自己分析を行う

行動特性24

企 画 力

企業で必要とされている企画力とはこんな特性

ある目的を達成するために、次のことが行える力。①情報を収集・整理・分析する②先例にとらわれずにさまざまな着眼点のアイデアを出す③リスク・条件（市場性・競合性・実現性・将来性・社会性・安全性・企業理念・費用対効果・参入障壁・法律上の制約・リスクヘッジ）を検討・シミュレーションする④依頼者（決裁権者）の意向とすりあわせ、賛同が得られる案にまとめる⑤案の魅力を着実に伝える企画書を作成し、説得力あるプレゼンテーションを行う⑥依頼者・担当者の承認を得て、実行・協力体制を構築し、計画を推進する。

ここに注意！ 「イベントを企画しただけでは、企画力があるとは見なされない」

学生の勘違い例 「サークルではイベントの企画係。だから、企画力がある」

企画を立てるだけなら誰でもできる。それをどのように実行したか、また、企画を実行する（目的を達成する）うえで克服した困難や工夫、実行したときに得られた結果について、数値などを交えながら具体的に伝えられないと、アピールできる特性にはならない。

企画を立てたことだけでなく、実現の過程や結果まで伝えられるようにする

自分に近い例をチェックしてみよう

企画力を立証する具体例

アルバイト

☐ 業務改善やコーナー作りなどの企画をよく提案する

☐ キャンペーンを企画し、成功させたことがある

☐ 新しい販売（陳列）方法を提案し、成果を出したことがある

● サクセスライフ自己分析③長所発見自己分析

サークル・部活

□ 新しい練習方法を取り入れ、成果を出したことがある
□ 部内では改善のアイデアや工夫を積極的に提案している
□ イベントを企画し、人をたくさん集めたことがある
□ イベントや活動を行う際の費用や効果をシミュレーションしたことがある
□ イベントなどの企画書を作成したことがある

学業（ゼミ）・その他（課外活動）

□ 研究会を企画し、成功させたことがある
□ レポートで調査を徹底して、事実の裏づけを行っている
□ 新しい研究方法をよく提案している
□ アイデアをみんなと話し合う機会が多い
□ 相手の意見を聞きながら目的を達成していくことができる
□ 情報を分析して裏づけに基づき、企画を立案していくことができる
□ さまざまな分野の人と話し合う機会が多い
□ データの根拠がないものは納得できない
□ 計画を立てて実現していくことが得意
□ 革新的な企画を考えるために、国内のみならず、海外の事例も分析する
□ ちょっとした工夫をすることができる
□ 先を読む力を持っている

📝 自分の具体的なエピソードを書き出してみよう

この特性をポイントにした自己PRはこう作る

■ 「サークルでファッションショーを企画。服はショップ15店に協力を取りつけ調達、モデルは街でスカウト。当日は200人の観客を集めた」
■ 「アルバイト先で売上アップキャンペーンを企画・実行。全員で一致団結して、店のノルマプラス30件の契約を獲得した」

第2部 自己分析を行う

191

行動特性25

マネジメント力

企業で必要とされているマネジメント力とはこんな特性

マネジメント力は、主に次の4つの能力で構成される。①目標達成までの行程を最適な形で組むことができる段取り力②目標達成に向け、各メンバーに対して適切な指示を出し、やる気を高めて持てる力を最大限に発揮させ、根気強い指導をしながら、目標を達成させることができる管理力③メンバーの知識・技能の程度を把握し、それらを必要とするレベル以上に向上させるための適切な指示・指導ができる育成力④会社の財務諸表を理解し、会社全体、および各部門の経営状態を数値で把握し、各部門との調整を図り、組織全体の効率的運営に貢献できるバランス「感覚力」。

ここに注意! **「組織で幹部を務めても、マネジメント力があるとは見なされない」**

学生の勘違い例 「サークルでは副代表で組織運営をした。だから、マネジメント力がある」

マネジメントする立場にいただけでは、マネジメント力がある証拠にはならない。その立場でどのように力を発揮したかが問題。どのように段取りを組んで目標達成までメンバーをまとめていったのか、具体例を成果と共に出せるようにする。

目標達成に向けて組織をどうまとめたか、成果はどうだったかを具体的に伝えられないと、アピールできる特性にはならない

自分に近い例をチェックしてみよう

マネジメント力を立証する具体例

アルバイト

□ 全体に目を配りながら仕事をしている

□ 上司や先輩の意見を聞き、補佐することに努めている

□ アルバイト先で後輩や新人の教育を任されている

□ 後輩や新人に仕事を教えるときには順序立てて説明している

● サクセスライフ自己分析③長所発見自己分析

□ 同僚や後輩の仕事にも気配りしながら仕事をしている
□ 悪い点がある場合には、それを指摘できる
□ 後輩や新人に教えるときには丁寧にわかるまで教えている
□ 人にものを教えるアルバイトをしている

サークル・部活

□ チームが良い環境で練習できるように目を配っている
□ チームの連携を良くするために指示を出している
□ メンバーの状況にも気配りしながら練習している
□ 後輩などをほめて成長させることが得意
□ 悪い点も指摘しながら指導するようにしている

学業（ゼミ）・その他（課外活動）

□ ゼミでのチームワークを大切にしている
□ ゼミのメンバー間の意見の調整役を務めることが多い
□ 適切な役割分担を人に振ることができる
□ 人の意見を積極的に引き出すようにしている
□ 面倒見が良いほうである
□ 聞き上手とよくいわれる
□ まわりに気配りをすることができる

🖊 自分の具体的なエピソードを書き出してみよう

この特性をポイントにした自己PRはこう作る

■ 「国際交流サークルで副代表として留学生との10カ国サミットを初企画。メンバー30人とゼロからつくり上げ、開催成功。新聞にも取り上げられる」

■ 「映像制作ゼミに所属。映画制作のプロデューサーを務める。予算10万円を効率的に使い、制作日数3カ月、出演者のべ400人の作品を完成させた」

行動特性 26

リーダーシップ力

企業で必要とされているリーダーシップ力とはこんな特性

リーダーシップ力は、主に次の3つの能力で構成される。①メンバーが結束して行動しやすい理念・成功ビジョンを提示し、メンバー間の考え方や気持ちを統一して、意欲と能力を引き出し、組織全体をビジョン達成の方向に動かせる指導力②求心力の強い人間的魅力③企業活動を円滑化する資金繰り能力。

これら3つの能力を支えるのは、社会や企業関係者（社員、取引先など）に対する自らの責任感・愛情・献身性と周囲からの信頼・共感・尊敬である。リーダーシップ力は、どんな決断・行動をして、どんな成果を挙げたかで評価される。

ここに注意！ **「トップの役職を務めても、リーダーシップ力があるとは見なされない」**

学生の勘違い例 「ゼミではゼミ長、サークルでは代表。だから、リーダーシップ力がある」

マネジメント力と同様に、トップの役職を務めただけでは、リーダーシップ力がある証拠にはならない。名目だけのトップや何の成果も挙げられないトップのほうが多いくらいである。役職ではなく、その立場でどのようにその力を発揮したかを具体的に立証できないと、リーダーシップ力があるとは見なされない。

リーダーとして全体のために頑張ったことや、その結果挙げた成果を具体的に言えないと、アピールできる特性にはならない

自分に近い例をチェックしてみよう

リーダーシップ力を立証する具体例

アルバイト

☐ アルバイトではまとめ役を任されている

☐ アルバイト仲間から何かあったときには相談を受けている

☐ お店の運営を任されたことがある

● サクセスライフ自己分析③長所発見自己分析

サークル・部活

□ 自分でサークルを立ち上げたことがある
□ サークル・部の代表として人をまとめる役割に就いている
□ サークル・部でやるべきことを明確に示せる
□ 適切な指示をメンバーに与えられる
□ 仲間や後輩との信頼関係が築けている
□ 目標を掲げて仲間をその方向に向かわせられる

学業（ゼミ）・その他（課外活動）

□ ゼミではみんなの意見を取りまとめている
□ 知らないうちに自分の周囲に人が集まっていることがある
□ 意見が異なる人をまとめられる
□ 多人数をまとめる役割に就いたことがある
□ 人から選ばれて「代表」といわれる役割に就くことが多い
□ 人に言うより、まず実践することを心がけている
□ 自ら率先して見本を示している
□ 人から協力を取りつけるのが得意
□ 他人の意見を受け入れることができる
□ 自分と違う意見でも耳を傾ける
□ 人と交渉することが得意

🖎 自分の具体的なエピソードを書き出してみよう

この特性をポイントにした自己PRはこう作る

■ 「フットサルサークルを自ら立ち上げる。15人のメンバーを集め、地区大会優勝の目標を掲げて練習。1年後には3位に、2年後には優勝した」
■ 「手話サークル代表として、ボランティア精神の啓蒙のため大学側と合同イベントを企画。集客目標200人のところ400人集めて手話教室を開催した」

第2部 自己分析を行う

行動特性 27

人脈創造力（コネクション）

企業で必要とされている人脈創造力とはこんな特性

　業務の円滑な遂行や目標の達成、会社全体の利益のために、直接的、あるいは間接的な協力が得られる人間関係を構築し、それを維持し続ける力。人脈として機能するかどうかは、継続的なコミュニケーション、および相互理解を深める努力がなされているかどうかに大きく関係する。学生時代の友人・知人、仕事仲間、職場の同僚、上司や先輩からの紹介、取引先の担当者、セミナーや勉強会、趣味などを通じたコミュニティーでの知り合いなどが人脈になるが、人脈にしたい人物には、自分から積極的にアプローチしていくことが不可欠。

ここに注意！	「（間接的にでも）仕事へのメリットが感じられなければ、人脈創造力とは見なされない」

学生の勘違い例	「サークルで渉外係を担当し、他大学に友人ができた。だから、人脈創造力がある」

友人をたくさん作ることも大切だが、それだけでは企業における人脈とは呼べない。単なる「友人人脈」ではなく、仕事面でプラスの影響を与え合える『ビジネス人脈』として機能するかどうかが重要。また、自分から積極的に作り出した関係や同じ学生という立場ではなく、社会人とも同様の関係性を築けていると、より特性としてアピールできる。

友人（知り合い）という立場だけではなく、その関係がビジネスに役立つと感じられないとアピールポイントにはならない

自分に近い例をチェックしてみよう
人脈創造力を立証する具体例
アルバイト

- □ リピーターになってくれるお客様を集められる
- □ お客様の気持ちを汲み取って仕事ができる
- □ よく来るお客様の顔を意識して覚えている
- □ お客様からよく顔を覚えてもらえる

● サクセスライフ自己分析③長所発見自己分析

□ アルバイト先の上司とも信頼関係を築けている

サークル・部活

□ 頼んで顧問やコーチを引き受けてもらったことがある
□ 違う学校や違うサークルの人とも活動を通して交流を図っている
□ 社会人とも活動を通して交流を図っている

学業（ゼミ）・その他（課外活動）

□ 教授などと信頼関係を築けている
□ 飛び込みで取材をして受けてもらえたことがある
□ 年代の違う相談できる相手がいる
□ 頼れる人の顔が状況ごとに思い浮かべられる
□ 人づてで必要な人と知り合いになったことがある
□ 長年にわたって手紙などのやりとりをしている相手がいる
□ 会った人の顔や名前は一度で覚えられる
□ 初対面の人とでもすぐに打ち解けられる
□ 出会った人と次につながるようにメールなどでフォローしている
□ 相手の価値観を見極めることができる
□ 自分にとってどんな人の意見もプラスになると感じられる
□ 人から協力を取りつけることが得意

✎ 自分の具体的なエピソードを書き出してみよう

この特性をポイントにした自己PRはこう作る

■ 「サークルで渉外係を担当し、各大学に友人を作る。新聞社、銀行、自動車、流通などさまざまな業界を受験する彼らと就職活動の勉強会を開いている」
■ 「ゼミで、○○の研究を行うに当たって、各研究機関の専門家数人を取材した。その後も継続的に連絡を取り、勉強会の講師を依頼している」

第2部 自己分析を行う

行動特性28

専門知識・専門技術力

企業で必要とされている専門知識・専門技術力とはこんな特性

　担当する仕事を行ううえで必要な専門知識や専門技術力のこと。語学力なども含まれる。それらは、次の4つの条件を満たしていなくてはならない。①実務的に役立つレベルで身につけていること②常に最新の情報を収集し、他社・関連業界の動向にも目を向け、最先端、最高水準のレベルを追究していること③専門外でも、自らの仕事に活かせることはないか探求していること④自分の仕事が全体（社会・企業・部署）の中で、どのような位置・役割にあるか把握していること。

　なお、企業（職種）によっては、高い独創性・新規性が求められる場合もある。

ここに注意！ **「実務で役立たなければ、高評価されない」**

学生の勘違い例	「中国語検定の準1級を取得。だから、中国貿易の仕事に自信がある」

資格試験や大学の専門課程で身についた知識・能力は、専門知識・専門技術力を裏づける立証になる。ただし、それをどのような形で利用（応用）すれば、実務で役立つかを伝えられなければならない。その企業（職種）で必要となってくるものをあらかじめ調査し、わかりやすく伝えられるようにする。

身についた知識・能力が実務でどのように役立つか（活かせるか）を、具体的にわかりやすく伝えることが大切

● サクセスライフ自己分析③長所発見自己分析

自分に近い例をチェックしてみよう

専門知識・専門技術力を立証する具体例

- □ 即戦力になる研究・学問を行っている
- □ 専攻科目で優秀な成績を修めている
- □ 特定分野で役立つ資格を取得している
- □ 特定分野でくわしい知識を持っている
- □ 特定分野で役立つ技術を持っている
- □ 人に教えることができる得意分野がある
- □ 外国語の通訳・翻訳ができる
- □ 外国語でコミュニケーションが取れる
- □ 語学検定で高いレベルの級（高いスコア）を取得している
- □ 複数の外国語を使うことができる

自分の具体的なエピソードを書き出してみよう

この特性をポイントにした自己PRはこう作る

- ■「中国語検定の準1級を取得。御社の中国貿易の仕事を志望。そこで、今から中国語で御社の商品○○を売り込むセールスを実演します」
- ■「大学で私が行った○○の研究は、御社の研究所で働く大学の先輩の○○様にうかがったところ、○○○の仕事で役立つとのことですが…」

行動特性 29

経験値力（実務経験、インターンシップ、就業経験）

企業で必要とされている経験値力とはこんな特性

業務と直接的、あるいは間接的に関連（共通点）がある経験を積み、その経験を通して、業務の円滑な遂行、改善、改革、進歩、発展に役立つ実践的な知識や知恵、技術を身につけていること。

＊新卒の学生が経験値力として話せることは、インターンシップやアルバイトなどでの実務経験、サークル・部活、ゼミなどの役職での経験、趣味・特技での経験などに基づくものになってくる。それらを経験値力としてアピールするには実績を具体的に提示していくことが大切。ただし、業務と間接的に関連（共通）する経験の場合は、どのように業務に役立つのか説得力ある説明も必要になってくる。

ここに注意！ **「経験をそのまま伝えただけでは、経験値力があると評価されない」**

学生の勘違い例 「アルバイトで接客の仕事をした。だから、接客の経験値力が高い」

全くの初心者と比べて経験を積んでいるという意味ではある一定の評価は得られる。ただし、これだけではどの程度のレベルに到達しているのかわからない。この場合、高いレベルの接客を行えるための知識や知恵、技術が身についているかどうかがわかるように具体的に示していかないと、アピールポイントにはできない。また、同様の自己PRをする人との差別化も図れない。

経験から得た知識や知恵、技術を、実績をもとに具体的に挙げていくことが必要

● サクセスライフ自己分析③長所発見自己分析

`自分に近い例をチェックしてみよう`

経験値力を立証する具体例

- □ 社員と同じ働きをしているアルバイトがある
- □ ノルマを達成することには自信がある（仕事で達成していた）
- □ クレーム対応には自信がある（仕事で対応していた）
- □ 電話の応対には自信がある（仕事で行っていた）
- □ レジ打ちには自信がある（仕事で行っていた）
- □ 受付の仕事には自信がある（仕事で行っていた）
- □ 司会の仕事には自信がある（仕事で行っていた）
- □ 人にものを教える仕事には自信がある（仕事で行っていた）
- □ 体力仕事には自信がある（仕事で行っていた）
- □ 細かい作業には自信がある（仕事で行っていた）
- □ 接客の仕事には自信がある（仕事で行っていた）
- □ 販売の仕事には自信がある（仕事で行っていた）
- □ 複数のオーダーを一度で覚えることができる

✐ 自分の具体的なエピソードを書き出してみよう

この特性をポイントにした自己PRはこう作る

- ■「アルバイトでは3年間、販売の仕事。まとめ買いをしてもらう方法を身につけた。売上1番で、店長賞を獲得したこともある」
- ■「サークルでは会計係。手堅い事務仕事に自信あり。パソコンの会計ソフトを使いこなして、50人の部費を管理し、1年間に1円のミスもなし」

第2部　自己分析を行う

行動特性 30

奉仕精神（サービス精神、社会貢献）

企業で必要とされている奉仕精神とはこんな特性

　社会（人々）のために貢献することを第一の目的として、その顕在的あるいは潜在的ニーズを汲み取り、そのニーズに合った商品やサービスを、より高い価値（喜び・効用・満足）を感じてもらえるように創造し（付加価値を高め）、提供することに尽力する精神のこと。

　なお、この精神を強く持っているほど、提供する商品やサービスが社会（人々）から強く支持されるものになっていくので、企業にとっての利益も増加することとなる。

ここに注意！ 「企業活動においては、奉仕精神＝無料奉仕ではない」

学生の勘違い例 「古着を無料で児童施設に寄付した。だから、私は奉仕精神がある」

企業活動における奉仕精神とは、商品やサービスを単に無料で提供することとは限らない。奉仕精神の対象となる社会（人々）のニーズに合ったものを、より高い価値を感じてもらえるように創造、提供していくことが必要になってくる。

（企業における）奉仕精神には、価値創造があり、その価値に対して利益が生じる。また、奉仕精神の対象者にどれだけ満足を与えられるかも重要

自分に近い例をチェックしてみよう
奉仕精神を立証する具体例

アルバイト

□ 困っているお客様にはすぐに声をかけるようにしている

□ お客様が何を望んでいるかを察知して行動している

□ お客様が使ったり選んだりしやすいように陳列などを工夫している

□ 直接的な見返りを期待せずに仕事できる

● サクセスライフ自己分析③長所発見自己分析

- [ ] お客様に感謝の心を持って接している
- [ ] お客様の疑問や要求には誠実に応えることを心がけている
- [ ] いつでも笑顔を忘れずにお客様に接している
- [ ] 人が嫌がる仕事も率先して引き受けている
- [ ] 手が空いたら人の仕事も自発的に手伝うようにしている
- [ ] お金にならない仕事でも快く引き受けている

サークル・部活

- [ ] 部内では練習しやすい環境が作れるように心がけている
- [ ] みんなが備品などを使いやすいように工夫している
- [ ] 後輩などに積極的にアドバイスをするようにしている
- [ ] 活動（練習）内容が誰にでもわかるマニュアルを作成したことがある

学業（ゼミ）・その他（課外活動）

- [ ] ゼミではみんなが発言しやすいようなきっかけ作りをしている
- [ ] ゼミでみんなの研究に役立つように資料をまとめたことがある
- [ ] 人を喜ばせることをするのが好きである
- [ ] 自分のことより人のことを優先するようにしている
- [ ] 相手の立場でものを考えるように心がけている
- [ ] ボランティア活動や地域活動には積極的に参加している

✍ 自分の具体的なエピソードを書き出してみよう

この特性をポイントにした自己PRはこう作る

- ■「インターネットに古着の店を開設。古着愛好家のために商品を見やすく展示。好みの服の検索機能も充実させ、半年で150人が利用してくれた」
- ■「居酒屋のアルバイトで創作カクテルを提案。女性客が多い店なので、女性が喜ぶものを50種類考えた。そのうち5つが店の人気メニューになった」

第2部　自己分析を行う

203

サクセスライフ自己分析④
他己分析

■ 自己分析が独りよがりにならなくなる（ズレを確認・修正できる）

　最後に行うのは他己分析です。他己分析では、長所探し自己分析で自分で確認した特性キーワードの30項目を人にチェックしてもらうことで、自分の評価と他人の評価のズレを確認します。たとえば、自分は協調性が高いと思っていても、他人からの評価は低いかもしれません。また、自分はリーダーシップ力がないと思っていても、他人からの評価が高い場合もあります。

　他己分析を行うことによって、自己分析が独りよがりなものにならなくなり、さらにズレの原因を探ることで、自分が今後、どの面をどのように成長させていけば良いかがわかります。なお、自己評価も他人からの評価も共通して高いものは、自信を持ってアピールできるようになります。

■ 面接官からどう見られるか判断でき、対策が明確化する

　他己分析は、アンケート形式で他人の評価を集めますが、これによって、自分が他人からどのように見られているか非常によくわかります。

　初対面の人と昔からの知り合いの評価を比較したり、男性と女性の評価を比較したり、社会人と学生の評価を比較すると、面接官からどのように見られるかも判断がつくようになり、面接での対策も明確化してきます。

■ 気づいていない長所を多数発見できる

　また、これを行うことで、自分では気づいていない長所が多数発見できます。10人にアンケートを取り、各自が10項目の長所を立証するエピソードを具体的に書いてくれたとすると、エピソードが合計100個もリストアップできます。

　この内容を検討して、何人もが共通して書いているものであったり、ビジネス的な視点で書いたものであれば、自己PRネタとして自信を持って使えます。

■ 面接に自信がつく

　他己分析を行うと、面接に自信を持って臨めるようになります。それは、面接官からどのように評価されるかの迷いや不安が解消されるからです。圧迫面接を受けても動揺しなくなるので、評価は格段にアップします。

● サクセスライフ自己分析④他己分析

他己分析の手順

207 ページからのチェックシートを使います。大人数のアンケートを集める人は、人数分コピーして利用してください。

① 「長所探し自己分析」でも特性を細かく見ていきましたが、そのまとめとして、まず 207 ページのチェックシートを利用して自己分析をしてみましょう。チェック欄の、特徴を表す 3 つの項目に○をつけ、立証する具体的なエピソードを隣の欄に書きます。その後で 208 〜 209 ページのシートをコピーして人に配り、他己分析をしてもらいましょう。

② アンケートはできれば 10 人以上、学生と社会人半々になるように取るとよいでしょう。学生はゼミやサークルなどの友人、社会人はアルバイト先の社員やゼミの指導教授などが一般的ですが、OB・OG など就職活動で知り合った社会人に依頼しても、大変参考になります。

＊各特性についての定義が相手に理解してもらいにくい場合には、144 ページからの行動特性の各解説を読んでもらいましょう。

③ アンケートを取ったら、次のことを比較・分析しましょう。

- ・自分と他人の評価のズレを分析し、対策を検討
- ・初対面の人と昔からの知り合いの評価を比較
- ・男性と女性の評価を比較
- ・社会人（最適なのは志望企業の社員である OB・OG）の評価を分析
- ・長所を立証するエピソードで、自己 PR に使えるものがないか検討
- ・面接官からどう見られるかを分析、対策を検討
- ・今後の自己成長の方針を検討

就職活動中も適宜アンケートを取って、計画通り自己成長しているか分析・検討するとよいでしょう。

■ アンケート結果は自己成長に活用する

ここで注意してほしいのは、どんな結果であろうと、それに一喜一憂することなく、自己成長のために活用するということです。

アンケートに書かれたことは、あくまでその時点での評価であって、結果を十分検討し、的確な対策を取れば、着実に自己成長し、後日アンケートを取ると評価は必ず高くなるからです。

第2部 自己分析を行う

205

内定者はこう書いた！ 実例

自己分析チェックシート

自分の長所ベスト3に○を付け、理由（具体的なエピソード）を書いてください。

■ 記入者（　田中友子　　　　　　　　　　　　　　　）

	○	長　所	具体的なエピソード
1		体　力	
2		忍耐力	
3		継続力	
4		協調性	
5		向上心	
6	○	度　胸	研究会では300人を前に発表を成功させた
7		目標達成力	
8		適応力	
9	○	規律遵守力	約束時間の10分前に行動
10		コミュニケーション能力	
11		積極性	
12		責任感	
13		問題認識力	
14		情報収集力	
15		プラス思考力	
16		創造力	
17		文章力	
18	○	プレゼン力	ゼミの発表では教授も納得
19		交渉力	
20		ピンチ対処力	
21		論理的思考力	
22		計数感覚	
23		先見力	
24		企画力	
25		マネジメント力	
26		リーダーシップ力	
27		人脈創造力	
28		専門知識・専門技術力	
29		経験値力	
30		奉仕精神	
		その他（　　　　　）	

※このチェックシートで自己分析をした後、208ページ以降のシートで他己分析をしましょう。

● サクセスライフ自己分析④他己分析

自分で書いてみよう
自己分析チェックシート

自分の長所ベスト3に○を付け、理由（具体的なエピソード）を書いてください。

■ 記入者（　　　　　　　　　　　　　　　　　　　　　　　　）

	○	長　所	具体的なエピソード
1		体　力	
2		忍耐力	
3		継続力	
4		協調性	
5		向上心	
6		度　胸	
7		目標達成力	
8		適応力	
9		規律遵守力	
10		コミュニケーション能力	
11		積極性	
12		責任感	
13		問題認識力	
14		情報収集力	
15		プラス思考力	
16		創造力	
17		文章力	
18		プレゼン力	
19		交渉力	
20		ピンチ対処力	
21		論理的思考力	
22		計数感覚	
23		先見力	
24		企画力	
25		マネジメント力	
26		リーダーシップ力	
27		人脈創造力	
28		専門知識・専門技術力	
29		経験値力	
30		奉仕精神	
		その他（　　　　　）	

（書籍：『内定者はこう選んだ！業界選び・仕事選び・自己分析・自己PR【完全版】』より抜粋）

第2部　自己分析を行う

人 に 評 価 し て も ら お う

他己分析チェックシート

私〔　　〕の長所ベスト3に〇を付け、理由（具体的なエピソード）を書いてください。よろしくお願いします。

■ 社会人　記入者（　　　　　　　　　　　　　　　）

	〇	長　　　所	具体的なエピソード
1		体　力	
2		忍耐力	
3		継続力	
4		協調性	
5		向上心	
6		度　胸	
7		目標達成力	
8		適応力	
9		規律遵守力	
10		コミュニケーション能力	
11		積極性	
12		責任感	
13		問題認識力	
14		情報収集力	
15		プラス思考力	
16		創造力	
17		文章力	
18		プレゼン力	
19		交渉力	
20		ピンチ対処力	
21		論理的思考力	
22		計数感覚	
23		先見力	
24		企画力	
25		マネジメント力	
26		リーダーシップ力	
27		人脈創造力	
28		専門知識・専門技術力	
29		経験値力	
30		奉仕精神	
		その他（　　　　）	

（書籍：『内定者はこう選んだ！業界選び・仕事選び・自己分析・自己PR【完全版】』より抜粋）

● サクセスライフ自己分析④他己分析

人 に 評 価 し て も ら お う
他己分析チェックシート

私〔　　　〕の長所ベスト3に○を付け、理由（具体的なエピソード）を書いてください。よろしくお願いします。

■ 学生　記入者（　　　　　　　　　　　　　　　　）

	○	長　　　所	具体的なエピソード
1		体　力	
2		忍耐力	
3		継続力	
4		協調性	
5		向上心	
6		度　胸	
7		目標達成力	
8		適応力	
9		規律遵守力	
10		コミュニケーション能力	
11		積極性	
12		責任感	
13		問題認識力	
14		情報収集力	
15		プラス思考力	
16		創造力	
17		文章力	
18		プレゼン力	
19		交渉力	
20		ピンチ対処力	
21		論理的思考力	
22		計数感覚	
23		先見力	
24		企画力	
25		マネジメント力	
26		リーダーシップ力	
27		人脈創造力	
28		専門知識・専門技術力	
29		経験値力	
30		奉仕精神	
		その他（　　　　）	

（書籍：『内定者はこう選んだ！業界選び・仕事選び・自己分析・自己PR【完全版】』より抜粋）

第2部　自己分析を行う

自己ＰＲが簡単に作れる！

自己ＰＲボキャブラ200

まず、212～214ページにある自己ＰＲボキャブラ200の中から、自分に当てはまるものにチェックを入れます。次にチェックした項目の中から10～20ほど選び、右ページの表に転記して、立証エピソードを3つ程度記入します。それだけで、簡単に自己ＰＲが完成します。

自己ＰＲ簡単作成表 （記入例）

Ｓさんの実例 （金融、食品、メーカー、その他内定）

	自己ＰＲボキャブラ	立証エピソード1	立証エピソード2	立証エピソード3
1	きびきびと行動する	宛名書きのバイトでほめられる	ビラ500枚を2時間で配布	販売のアルバイトで時間内に売り切った
5	上の人の立場で考え、行動する	辞めたい人の説得に成功	企業の一員であるという自覚を持つ	人のミスもすぐにフォローする
9	思いついたら即実行する	ゼミの合宿で飲み会を実施	NYでテロについて聞く	家から学校まで自転車で30km往復
10	新しいことにチャレンジする	ゼミで後輩を面接	アルバイトで研修を導入	サークルで新イベントに挑戦
11	困難なことにチャレンジする	ゼミ長に立候補	バイトで昇進試験に挑戦	片道2時間半の通学
15	自分から積極的に行動する	議論ではいつも率先して発言	バイトでは、自分からマニュアルを作った	5種類のインターンシップに参加
24	困っている人を、自発的に助ける	電車では席をゆずる	バイトでは、仕事が大変な人を手伝う	荷物を持ってあげる
33	誠意を持って人と接する	ゼミ生の全員に書中見舞いを書いた	丁寧な接客だとほめられたことがある	イベントで出会った20人全員に礼状を出す
64	ミスや失敗から学ぶ	ゼミ発表で指摘された点は、次に活かす	バイトで同じ失敗は二度としない	必ずメモを取るようになった
66	ミスや失敗を未然に防ぐ	発表前にシミュレーションをしてチェックしてもらう	バイトでは、反復練習をする	5分前行動で余裕を持つ
86	自らに高い目標を課す	ゼミはプレゼンの技術を磨く場	今日は何件と自分でノルマを設定する	レポートは、早めの期日を設けてやりとげる
87	与えられた以上の仕事をする	下調べは、徹底的にする	Tシャツを目標以上売った	お客様の期待以上のことをして喜ばせている
116	大勢の人の前で話せる	ゼミ合宿での発表	バイトで、パーティーのスタッフをした	全生徒の前で話をした
120	責任ある仕事を任されている	ゼミで企画を催し、成功	バイトで教育係	イベントでは必ず下見
129	自分の短所を克服する	ゼミの企画で幹事立候補	接客業に挑戦	友人と英語でメール
134	体力に自信がある	2日連続徹夜で発表の準備をした	12時間立ちっぱなしで接客したことがある	3日間で55時間働いたことがある
137	逆境に打ち勝つ強さがある	留学時の言葉の壁	ケガを乗り越え、部活でレギュラー復帰	猛勉強し、希望の学科へ編入
155	お金の計算が得意	ゼミで会計係をした	バイトで会計のミスは1回もない	サークルの飲み会の会計は自分がする
171	パソコンが得意	ワードが使いこなせる	エクセルが使いこなせる	ホームページが作れる
191	相手の気持ちを察するのが得意	接客業のバイトを3年間経験	バイトでお客様のクレーム対応	部活のマネージャーで選手をサポート

● 自己 PR ボキャブラ 200

自己 PR 簡単作成表

	自己 PR ボキャブラ	立証エピソード1	立証エピソード2	立証エピソード3

第2部 自己分析を行う

当てはまるものにチェックを入れていこう

1		きびきびと行動する
2		先のことを考えて行動する
3		全体のことを考えて行動する
4		人に言われなくても率先して行動する
5		上の人の立場で考え、行動する
6		目的意識を持って行動する
7		型破りな行動がとれる
8		粘り強い行動力がある
9		思いついたら即実行する
10		新しいことにチャレンジする
11		困難なことにチャレンジする
12		人の長所を積極的に引き出す
13		積極的に改善の努力をする
14		アイデア・提案を積極的に出す
15		自分から積極的に行動する
16		専門知識の取得・向上に努力する
17		失敗しても諦めずに取り組み、成しとげる
18		チームをもり立てる努力をする
19		チームの仲間を尊重し、助け合う
20		話し合いの場を持ち、意見をまとめる努力をする
21		司会が得意
22		人をまとめるのが得意
23		人の協力を取りつけるのが得意
24		困っている人を、自発的に助ける
25		人の嫌がることも率先して引き受ける
26		休んだ人の分までカバーすべく努力する
27		自分と違う考え方の人とも協力する
28		みんなの模範になる行動を心がけている
29		上の立場の人をしっかりと補佐する
30		下の立場の人をしっかりと指導する
31		いつも笑顔で人と接する
32		いつも元気に人と接する
33		誠意を持って人と接する

34		相手に合わせた話し方をする
35		相手の価値観を見極める
36		人の話をよく聞く
37		不平不満、グチを言わない
38		口が堅い
39		約束は必ず守る
40		挨拶がしっかりできる
41		言葉遣いが丁寧
42		礼儀作法を心得ている
43		上下関係のマナーを心得ている
44		仕事中の私語はつつしむ
45		管理者が見ていなくてもサボらない
46		無遅刻・無欠勤、時間を守る
47		物事を長く続ける
48		連絡・報告を怠らない
49		服装、身だしなみに気を配っている
50		身の回りのゴミを拾い、美化に努める・掃除をする
51		ハキハキと話すことを心がけている
52		使用したものは必ず元に戻す
53		衛生を心がけている
54		安全を心がけている
55		困難を乗り越え新たな手法で成功させる
56		物事を多角的に見て、判断する
57		細部にも目を配る
58		優先順位を考えて、手際よく物事をこなす
59		ちょっとした工夫を凝らす
60		他人が考えつかない提案をする
61		企画案を作ることが得意
62		より速く効率的な方法を考えるのが得意
63		常に反省をし、その結果を次に活かす
64		ミスや失敗から学ぶ
65		目標を明確にして取り組む
66		ミスや失敗を未然に防ぐ

● 自己 PR ボキャブラ 200

67	規則を守る
68	注意を受けたら、しっかりと謝り、二度とミスをしない
69	もれやミスがないか、必ずチェックする
70	あいまいな受け答えをしない
71	仕事は正確にこなす
72	メモを取り、一度聞いたことは、決して忘れない
73	情報収集、情報交換を常に行う
74	データや事実をもとに、合理的に判断する
75	関連性のある仕事を進んで覚える
76	新聞は、毎日しっかり読む
77	むだ遣いをしない
78	すぐに取りかかる
79	与えられた仕事は最後までやりとげる
80	いい意味のライバル意識を持って、仕事に取り組む
81	期限や期日を守る
82	残業してでも仕上げる
83	緻密なタイムマネジメントが得意
84	ステップごとに目標を定め、一つ一つクリアする
85	目標を達成しても満足せずに、さらに上を目指す
86	自らに高い目標を課す
87	与えられた以上の仕事をする
88	地味な仕事でも快く引き受ける
89	困難な仕事でも快く引き受ける
90	残業でも、快く引き受ける
91	根っからの仕事好きである
92	細かな仕事でも、素早く、正確にこなす
93	失敗を恐れず取り組む
94	仕事のえり好みをせず、どんな仕事でもきちんとこなす
95	仕事の目的をつかむのが速い
96	仕事内容を理解するのが速い
97	新しい仕事をすぐに覚える
98	仕事は、手順よく行う
99	交渉して、有利な条件を引き出す

100	失敗への対応が迅速である
101	苦情や問題を解決する努力をする
102	クレーム処理が得意
103	仕事にむだがない
104	経費のむだ遣いをしない
105	時間をむだにしない
106	通勤・通学時間を有効に使っている
107	間違いにすぐ気づく
108	不測の事態にもテキパキと処理する
109	プレッシャーにも耐え、落ち着いて処理する
110	予想外の変化にも即座に対応できる柔軟性がある
111	数字や情報に裏づけされた決定を下す
112	費用対効果を考えた決定をする
113	人に責任転嫁せず、自分で責任を持って対処する
114	自分の行動には責任を持つ
115	自分の発言には責任を持つ
116	大勢の人の前で話せる
117	相手の立場を配慮して話せる
118	初めて会ったどんな人とでも仲良くなれる
119	人から安心して仕事を任されている
120	責任ある仕事を任されている
121	お金を管理する仕事を任されている
122	人をまとめる仕事を任されている
123	明るい性格で、お客さんから好かれている
124	アルバイト先で、ほめられたり、表彰されたことがある
125	よく感謝される
126	先輩に重宝がられる
127	気が利くと言われる
128	サービス精神が旺盛である
129	自分の短所を克服する
130	自分の長所を伸ばす
131	上下関係の厳しい環境で鍛えられた
132	厳しいトレーニングに耐えた

第2部 自己分析を行う

213

133		怒鳴られてもへこたれない
134		体力に自信がある
135		スポーツが得意、あるいは好き
136		スポーツの大会で入賞したことがある
137		逆境に打ち勝つ強さがある
138		健康管理に気をつけている
139		声が大きい
140		どこででも寝られる
141		長時間労働に慣れている
142		深夜労働に慣れている
143		早朝労働に慣れている
144		車の運転が得意
145		ほめ上手
146		販売が得意
147		説得が得意
148		接客が得意
149		説明が得意
150		掃除が得意
151		力仕事が得意
152		スケジュール管理が得意
153		人を笑わせるのが得意
154		人を楽しませるのが得意
155		お金の計算が得意
156		根回しが得意
157		電話セールスが得意
158		チラシ配りが得意
159		ディスプレイが得意
160		報告はこまめにする
161		一度に複数の仕事をこなせる
162		読みやすい字を書く。きれいな字を書く
163		筆まめである
164		漢字に強い
165		人の名前をすぐ覚える
166		文章表現力がある

167		読書量が多い
168		語学が得意
169		外国人とのコミュニケーションに慣れている
170		外国の文化に詳しい
171		パソコンが得意
172		表計算ソフトを使いこなせる
173		データベースソフトを使いこなせる
174		プレゼンテーションソフトを使いこなせる
175		キーボードの操作が速い
176		イラストが描ける
177		デザインができる
178		ポップを書ける
179		チラシを作れる
180		計算が速い
181		WEB会議アプリ(Zoom等)にくわしい
182		流行にくわしい
183		社会情勢、国際情勢にくわしい
184		雑誌にくわしい
185		映画にくわしい
186		芸術にくわしい
187		スポーツにくわしい
188		旅行にくわしい
189		国内外の人気WEBサイトにくわしい
190		方言が話せる
191		相手の気持ちを察するのが得意
192		特技がある
193		お酒に強い
194		カラオケが得意
195		演技力がある
196		珍しい経験がある
197		役立つ資格を持っている
198		おしゃれのセンスがある
199		人から頼られる専門分野がある
200		話題が豊富である

第3部

自分の長所を最大限にアピールできる志望動機・自己PR実例

自己分析の結果を、どのように志望動機と
自己PRに結びつければいい？
仕事ごとの内定者の志望動機・自己PR実例で、
アピールのコツがつかめる。

企業・仕事研究・自己分析から自己PR・志望動機を作る

志望動機と自己PRの作成（文章化）で、とても大切なことは以下の4点です。

①ロジカルコネクション

志望動機と自己PRは、ロジカルな（論理的な）つながりを持たせる。例えば、営業（販売系）を志望するならば、自己PRはその仕事を行うに当たって役立つ内容にする。これにより、説得力が高まる。

②コンビネーションアピール

志望動機に対して（ロジカルなつながりがある）自己PRを一つではなく、複数作成する。例えば、営業（販売系）を志望するならば、まず、その仕事に役立つ資質である問題認識力、目標達成力、コミュニケーション能力、プレゼン力（第1部仕事を研究するを参照）に関するもの。および、これらの中になくても、役立つと思われるものを多数作成する。これにより、志望する仕事に求められる資質や役立つ資質を組み合わせて（コンビネーションで）アピールできる。よって、一つしかアピールできない場合よりも説得力は格段に高まる。

③キャラ立ち（個性を際立たせる）

複数作った自己PRは、1番強調したいもの、2番めに強調したいもの、3番め…、と優先順位をつける。1番をメイン自己PR、2番め以降をサブ自己PRとする。自分はどんな人材かを端的に表すのがメイン自己PRで、これを明確化し、特に強調することにより、大勢の受験者の中で、「キャラ立ち」して（個性が際立って）、印象的な人物になることができる。

すべての自己PRを同じように強調すると、人物像がぼやけてしまい、かえって印象に残らなくなる。まずメイン自己PRでキャラ立ち、次にサブ自己PRで評価の補強。メリハリをつけたコンビネーションアピールが大変効果的。

④具体化と数値化

内容で重要なのは、具体例を題材にすること。その具体例が数値（データ）で表されているとなお良い。例えば、「体力に自信があります」よりも、「学生時代は水泳部に所属。体力に自信があります」の方が、説得力は高い。そして、「学生時代は水泳部に所属。クロールで最低5,000メートル泳げます。体力に自信があります」の方が数値（データ）があるので説得力はさらに高まる。

● 企業・仕事研究・自己分析から自己PR・志望動機を作る

志望動機・自己PR作成の手順

ステップ1 志望動機を作成（文章化）する

　未来設計自己分析、根っこ探し自己分析で書き出したことを中心に、以下の9点のいくつかを盛り込んだ内容にすると、説得力が高まる。

> ①やりたい仕事　②自己PR（やりたい仕事に役立つこと）
> ③過去の経験（志望の仕事や志望企業に興味を持つことになったきっかけ）
> ④大きな志（自分が成し遂げたいこと）　⑤専門知識・専門技術力
> ⑥OB・OG訪問　⑦店舗見学　⑧資格（仕事に役立つ資格）
> ⑨インターンシップ
> ※複数作成して比較し、最も説得力が高いものを優先的に使うとよい。

ステップ2 自己PRを作成（文章化）する

　基本的に、自己PRは、志望動機に対して、ロジカル（論理的）なつながりがあるようにする。そこで、自分の志望職種の仕事はどんな資質が求められるのかを、「第1部 自分に合った仕事を選ぶ（54～101ページ）」を参考にし、そこで推奨されている資質の自己PRを「第2部 長所発見自己分析（142～203ページ）」と「他己分析（204～209ページ）」をもとに作成する。そして、会社説明会やOB・OG訪問などで推奨されていた資質についても作成する。

　さらに、自分が仕事で役立てたいと思っている資質、自分がウリにしたいと思っている資質についても作成する。

※最初は、一つの自己PRに固執するのではなく、できるだけ多く作成することで、自分では気づいていなかった長所・可能性を数多く発見できる。

ステップ3 自己PRに優先順位をつけ、内容を磨く（メイン1つ・サブ10程度）

　ステップ2で作成した中から、志望理由との関連性が強く、自分が熱意を込めて話すことができ、自分のキャラ（個性）として、一番強調したいことを一つ選び、メイン自己PRとする。同様に2番め以降も順番をつけ、サブ自己PRとする。サブ自己PRは10程度設定する（10程度あればエントリーシート、面接で話題がつきてしまうこともなくなる）。

　選んだメイン自己PRとサブ自己PRは、具体化と数値化、表現の工夫など、面接官にわかりやすい文章になるように徹底的に磨きを入れる。

第3部　自分の長所を最大限アピールできる志望動機・自己PR実例

内定者の志望動機・自己PR

①営業（販売系）

K大学経済学部 男性 Oさん（飲料内定）

志望動機　アピールポイント　過去の経験／大きな志

御社の商品○○を世界中に広めたい

私は学生時代、アルバイト先のスーパーで、御社の製品を応援販売したことがあります。研修のときには、御社の社員の方が商品のセールスポイントと販売での注意点をくわしく教えてくださり、社員の皆様が商品を誇りに思っていることがひしひしと伝わってきました。販売の際は、お客様から「とても時代に合った商品ですね」という賛辞をよく言われました。日本人だけではなく、外国人の方も喜んで買っていかれました。
私は今後、御社の商品を世界中の人に届ける仕事にぜひ取り組みたいです。

> 根っこ探し自己分析で書き出したアルバイトでの出来事（過去の経験）と、未来設計自己分析で書き出した「商品○○を世界中に広めたい」という大きな志をアピールの題材にしている。

メイン自己PR　アピールポイント　コミュニケーション能力

お客様とのコミュニケーション能力を大切にし、売上を増やします

「今日はいつもの方はいらっしゃらないのねぇ…」。とても残念で悲しそうな老婦人の言葉。ある売り場での出来事ですが、こんな風にお客様から絶大な信頼を寄せられている社員がいることに私は大変衝撃を受けました。そして、自分もこうなることを誓い、仕事の心構えやお客様とのコミュニケーションの取り方、商品の勧め方を、この社員から徹底的に学ぶことに。「あなたがいるから、ここに買いに来るのよ！」。こう言ってくださるお客様が増え始めた頃、販売成績は１番になりました。

> 長所発見自己分析で発見したことの中から、営業（販売系）で求められる資質のコミュニケーション能力に関することを選んでアピールの題材にし、志望動機とマッチさせている。

218

● 内定者の志望動機・自己PR 〜① 営業（販売系）

エントリーシート・面接でこんなこともアピールした

サブ自己PR① アピールポイント 目標達成力

最後まで必ずやり抜く（3つの目標を達成しました）

私は大学入学時に自分に3つの目標を課しました。

① TOEICで、750点以上を取る

②水泳で、1,000メートル以上泳げるようになる

③ 10カ国以上旅行に行き、文化の違いを体験する

3年間でTOEICは385点アップの770点、水泳は2,000メートル、旅行は12カ国と、すべて達成しました。

次の目標は御社でトップ営業マンになることです。

長所発見自己分析で発見したことの中から、営業（販売系）で求められる資質の目標達成力に関することを選んでアピールの題材にし、志望動機とマッチさせている。

サブ自己PR② アピールポイント 度胸

民族を超えてアタックします！（私は度胸の塊）

①メキシコ人のタクシードライバーと運賃交渉

LAに一人旅に行ったとき、目的地まで予算内で行けるよう交渉。$30 → $25のディスカウントに成功！車中スペイン語講座を楽しみました。

②アメリカでは御社の2支店を訪問

現地のアメリカ人社員2名とFacebookでその後も交流が続いています。

➡ 持ち前の度胸を発揮して世界中のお客様に売り込みに行きます。

長所発見自己分析で発見したことの中から、志望動機の内容とマッチしたものをアピールの題材にしている。主に度胸のアピールだが、志望動機のキーワード「世界中・・・」を締めくくりの文章に盛り込み、印象を強める工夫をしている。

第3部 自分の長所を最大限アピールできる志望動機・自己PR実例

219

内定者の志望動機・自己PR

②営業（コンサルティング系）

G大学法学部 男性 Kさん（不動産内定）

志望動機 アピールポイント 専門知識・専門技術力／大きな志

不動産のコンサルティング業務に関わりたい

私は御社の不動産業務部門において、不動産の鑑定評価や不動産の有効利用コンサルティングの仕事に取り組みたいです。このように思ったきっかけは、大学のゼミにて「担保法」を学び、不動産の重要性を強く認識したことです。現在は○○スクールで、「宅建」の資格取得の勉強もしています。今後は実務を通して実践的な勉強を積み、御社の優秀な社員の皆様と切磋琢磨して自己を磨き、お客様のニーズに応えられる「不動産のプロ」となります。ぜひよろしくお願い致します。

担保法・宅建の学習という専門知識・専門技術力と、未来設計自己分析で書き出した「不動産のプロになりたい」という大きな志をアピールの題材にしている。

メイン自己PR アピールポイント マネジメント力／判断力

冷静な判断力でサッカー大会ベスト4

学生時代はサッカー部に所属し、ゴールキーパーでした。キーパーにとって最も必要な能力とは運動神経ではなく、相手にシュートを打たせない冷静な判断力です。

私は常に全体を見渡し、相手の攻撃経路を冷静に判断して、メンバーに守りの位置を指示し、相手に決定的なシュートを絶対に打たせませんでした。その結果、○○大会ではベスト4に進出しました。

長所発見自己分析で発見したことの中から、営業（コンサルティング系）で求められる資質のマネジメント力と判断力に関することを選んでアピールの題材にし、志望動機とマッチさせている。

●内定者の志望動機・自己PR 〜②営業（コンサルティング系）

エントリーシート・面接でこんなこともアピールした

サブ自己PR① アピールポイント 企画力

インターンシップで企画が優秀賞となる

昨夏参加したある企業のインターンシップにおいて、来年度のその会社のインターンシップを企画するというコンペが行われました。私は、取引先企業やグループ内企業とのインターンシップのコラボレーションという企画を考え、社員20人の前でプレゼンテーションしました。

結果、知名度の向上につながる話題性、ほかの班はまったく思いつかなかった独創性、実務にマッチした現実性を高く評価され、100点満点中92点の好成績で、優秀賞を頂きました。

長所発見自己分析で発見したことの中から、営業（コンサルティング系）で求められる資質の企画力に関することを選んでアピールの題材にし、志望動機とマッチさせている。

サブ自己PR② アピールポイント コミュニケーション能力

名前を覚えるのが得意（3年間で900人）

ある大学受験予備校で講師兼事務のアルバイトをしています。私が仕事で一番大切にしていることは、生徒とのコミュニケーションです。そこで、生徒の名前は初対面の際に必ず覚えるようにしています。現役生と浪人生合わせて年間300人、3年間で900人の名前をすべて覚えました。名前を覚えることにより、生徒からの信頼が高まり、自ら心を開いてくれるようになって、指導も円滑にできるようになりました。

御社でも信頼を得る第一歩として、お客様の名前は会った瞬間に覚えます。

長所発見自己分析で発見したことの中から、志望動機の内容とマッチしたものをアピールの題材にしている。主にコミュニケーション能力のアピールだが、締めくくりの「御社の仕事でも、・・・」で、仕事に対する熱意もアピールしている。

第3部 自分の長所を最大限アピールできる志望動機・自己PR実例

内定者の志望動機・自己PR

③事務（経理・財務）

N大学文学部 女性 Aさん（商社内定）

志望動機 アピールポイント 専門知識・専門技術力／やりたい仕事／向上心

経理・財務部門の仕事を志望

将来、社会に出たら経理・財務の仕事をしたいと思い、大学1年生のとき
に綿密に計画を立て、勉強に打ち込み、簿記の資格を取得してきました。

・1年次に「日商簿記3級」を取得
・2年次に「日商簿記2級」を取得
・3年次に「全経簿記1級」を取得

➡ 日商簿記1級も必ず取得し、御社の経理部門で役立つ人材になり
ます

簿記の資格（専門知識・専門技術力）と、未来設計自己分析で書き出した「経理部門の仕事
がしたい」という抱負（やりたい仕事）をアピールの題材にしている。なお、毎年着実に資
格のレベルを上げていることで、向上心もアピールしている。

メイン自己PR アピールポイント 計数感覚

7大学180人の会計で1円のミスもなし

所属している英会話サークルでは毎年、夏に3日間に渡って、スピーチと
ディベートの合宿イベントを行います。参加者は7大学から総計180人。
そこで私は会計係を務め、180人分の宿や食事などの手配をはじめ、イベ
ントに関わるすべてのお金の管理をしました。
イベントは成功。会計としては1円もミスなく、予算の有効配分とむだな
経費の切り詰めの成果が出て、3万円の黒字もたたき出しました。この黒
字分で、お世話になった先生方に記念品を贈呈することもできました。

長所発見自己分析で発見したことの中から、事務（経理・財務）で求められる資質の計数感
覚に関することを選んでアピールの題材にし、志望動機とマッチさせている。

222

● 内定者の志望動機・自己PR 〜③事務（経理・財務）

> エントリーシート・面接でこんなこともアピールした

■ サブ自己PR① [アピールポイント] 向上心／適応力

何でも一回で覚える（常にメモ帳を携帯）

私は常にメモ帳を携帯してポケットからサッと取り出し、注意点や気がついたこと、教わったことなどを書き込みます。これによりアルバイトやサークルの仕事、資格試験の勉強においても、大変スピーディに知識や技術を向上させることができました。

御社においても、社員の皆様から信頼される人材に一日も早く成長できるように、何でもメモを取り、一回で覚えるようにします。

> 長所発見自己分析で発見したことの中から、志望動機の内容とマッチしたものをアピールの題材にしている。メモを取るといった向上心や仕事を早く正確に覚える適応力だが、締めくくりの文章の「社員の皆様から信頼…」で、仕事に対する熱意もアピールしている。

■ サブ自己PR② [アピールポイント] 問題認識力

常にアンテナを張っておく（細かな変化も見逃さない）

アルバイト先の飲食店では、常にお客様のようすにアンテナを張っています。まわりを見渡しているお客様を見つけたとき、誰よりも先に料理をキッチンに確認しに行きます。その旨をお客様に伝えると、にっこり笑顔になり会話がはずみます。そして、必ずリピーターになってくださり、その数は今までに23名にのぼっています。

御社の仕事でも、すべてにアンテナを張り巡らせ、細かな変化も見逃しません。

> 長所発見自己分析で発見したことの中から、事務（経理・財務）で求められる資質の問題認識力に関することを選んでアピールの題材にし、志望動機とマッチさせている。

第3部　自分の長所を最大限アピールできる志望動機・自己PR実例

223

内定者の志望動機・自己PR

④事務（秘書・営業事務）

H大学社会学部 女性 U さん（金融内定）

志望動機　アピールポイント　OB・OG訪問／行動力

営業事務の仕事に取り組みたい

会社説明会に参加させて頂いた際に、人事部長の○○様より営業事務の話をうかがい、大変興味を持ちました。そして、大学の先輩で御社で営業事務の仕事に携わっている○○様と○○様を訪問し、仕事内容についてくわしく教えて頂き、とてもやりがいを感じました。その後、○○社と○○社の会社説明会にも参加し、OB・OG訪問もしました。

その結果、御社の業務がお客様へのサービスに一番密接に関われることがわかり、御社を第一志望とさせて頂いております。

会社説明会やOB・OG訪問のことをアピールの題材にしている。なお、他社の説明会にも出席したり、OB・OG訪問もしたことで、行動力もアピールしている。

メイン自己PR　アピールポイント　忍耐力

罵倒され、床に倒されても負けない忍耐力あり

高校に入って、初心者から始めた剣道。ヘトヘトになって限界を超えても、一本取れるまでは決して終わらない稽古。経験者ばかりの部活で、ついていくのがやっとでした。

しかし、私は何としても初段を取ると心に決め、必死に頑張り続けて、たった半年で、初段を取りました。

私はやると決めたらどんな逆境にも負けません。この忍耐力を存分に活かして、厳しい仕事もやり抜きます！

長所発見自己分析で発見したことの中から、事務（秘書・営業事務）で求められる資質の忍耐力に関することを選んでアピールの題材にし、志望動機とマッチさせている。

● 内定者の志望動機・自己PR 〜④事務（秘書・営業事務）

> **エントリーシート・面接でこんなこともアピールした**

サブ自己PR① ▶アピールポイント 体力／コミュニケーション能力

８時間の立ち仕事を笑顔でできる（体力に自信あり）

現在、総合スーパーのサービスカウンターのアルバイトをしています。人から見られていることを意識し、常に姿勢よく、笑顔で明るく接客することに努めています。

私は長時間集中力を切らすことなく、たとえクレーム客でも満面の笑顔で応対します。このことが認められ、店長から、ベスト接客賞を頂いたこともあります。

> 長所発見自己分析で発見したことの中から、志望動機の内容とマッチしたものをアピールの題材にしている。主に体力のアピールだが、締めくくりの文章の「ベスト接客賞を…」で、コミュニケーション能力に関連する接客する力もアピールしている。

サブ自己PR② ▶アピールポイント 規律遵守力

毎朝30分前行動（３年間無遅刻無欠席）

大学への通学は片道２時間半もかかります。しかし、１限の授業でも**最低30分前に教室に着く**ようにしています。そして、始業までに、一日の有効な時間の使い方をシミュレーションし、授業の準備を入念に行います。この結果、すべての授業に**３年間無遅刻無欠席**で、現在、20科目中18科目Ａ評価の好成績です。

➡御社でも、30分前行動を心がけ、時間を有効に使って仕事をします。

> 長所発見自己分析で発見したことの中から、志望動機の内容とマッチしたものをアピールの題材にしている。主に規律遵守力のアピールだが、締めくくりの文章の「御社でも、30分前行動を…」で、仕事に対する心構えもアピールしている。

第3部 自分の長所を最大限アピールできる志望動機・自己PR実例

225

内定者の志望動機・自己PR

⑤ 事務（総務・人事）

M大学人文学部 男性 Nさん（百貨店内定）

志望動機　アピールポイント　過去の経験／OB・OG訪問／専門知識・専門技術力

成長を最大支援する人事マンになります

私はアルバイトで教育係を任されているのですが、自分が指導した人たちが一人前になってイキイキと働く姿に喜びを覚えます。また、外国人のお客様が多いので英語のメニューを作成し、英語の接客の研修を全アルバイトに対して自ら行ったところ、お客様のリピート率を7％も上げることができました。

このようなことから、人事の仕事に興味がわき、御社の人事部の○○様にOB訪問をしたところ、ますます取り組みたいと思うようになりました。

アルバイト経験（過去の経験）とOB・OG訪問をアピールの題材にしている。「英語のメニューを…」で、英語が得意なこと（専門知識・専門技術力）をさりげなくアピールしている。

メイン自己PR　アピールポイント　規律遵守力

私は寮長。後輩の成長のため、ときには鬼になります

私は大学1年から寮に入っています。門限夜10時、朝6時にはトイレ掃除、先輩後輩の礼儀は徹底遵守など、とても規律の厳しい寮で、ビシビシと鍛えられました。

そして、現在、私が寮長です。新入生の指導や何か問題が発生したときの対処、大学側との交渉も私が責任を持って行っています。

普段は優しくとも、後輩の成長のために、ときにはあえて厳しく指導することもあります。

長所発見自己分析で発見したことの中から、事務（総務・人事）で求められる資質の規律遵守力に関することを選んでアピールの題材にし、志望動機とマッチさせている。

● 内定者の志望動機・自己PR ～⑤事務（総務・人事）

エントリーシート・面接でこんなこともアピールした

■ サブ自己PR① `アピールポイント` 責任感

学費・生活費をすべて自分で払っています（責任を持って取り組む）

「自分のことは自分で責任を持つ」という信念のもと、学費と生活費は、親に頼らず、アルバイトをして自分で払うと決め、実行しています。学業や寮長の仕事も忙しいのですが、時間をやりくりして、普通の学生の2倍以上働いています。むだ遣いを一切なくし、貯金も積み立てています。

以上のことを通して、「何事も責任を持って取り組めば、必ずできる」といったことも学ぶことができました。

御社の仕事も責任を持って取り組みます。

長所発見自己分析で発見したことの中から、事務（総務・人事）で求められる資質の責任感に関することを選んでアピールの題材にし、志望動機とマッチさせている。

■ サブ自己PR② `アピールポイント` 情報収集力

まわりの人を活かす仕事をします（バスケットボールの PG として MVP）

中学高校の6年間、バスケットボール部に所属していました。ある大会では、PG（ポイントガード）としてMVPに選ばれたことがあります。PGというのは、

①視野を広く持ち、常に全体の状況を把握する

②まわりのメンバーを活かすパスを供給する（ときには自ら点を取る）

などの能力が必要です。

御社の仕事でもこのような力を発揮するべく、一生懸命頑張ります。

長所発見自己分析で発見したことの中から、志望動機の内容とマッチしたものをアピールの題材にしている。主に情報収集力（状況把握力）のアピールだが、締めくくりの「御社の仕事でも…」で、仕事に対する心構えもアピールしている。

第3部　自分の長所を最大限アピールできる志望動機・自己PR実例

> 内定者の志望動機・自己PR

⑥企画（商品企画）

R大学経営学部 男性 Wさん（メーカー内定）

▌志望動機　アピールポイント▶　過去の経験／やりたい仕事／企画力

商品企画の仕事に取り組みたい（企画案を20例お持ちします）

私は御社にて商品企画の仕事に、ぜひ取り組みたいです。このように強く思うようになったきっかけは、御社でインターンシップをした際に、企画部門の○○様と○○様のもとで仕事をさせて頂いたことです。厳しさと共に大変なやりがいを感じました。

私はアルバイトでも、ある商品企画の仕事をしていました。使いやすくてかわいいデザインを考え、商品化が決定したこともあります。御社の商品の企画案を20個つくりましたので、面接の際に目を通して頂けたら幸いです。

インターンシップとアルバイトのこと（過去の経験）、および未来設計自己分析で書き出した「商品企画の仕事に取り組みたい」というやりたい仕事をアピールの題材にしている。実際に商品企画案を20例作って企画力を実証することで、熱意もアピールしている。

▌メイン自己PR　アピールポイント▶　積極性

プラスαの努力で差をつけます（サッカーで学んだ教訓）

私は中学・高校と6年間、サッカーに打ち込みました。私が心がけたのはプラスアルファの練習です。練習中もプラスアルファの努力をし、練習後もプラスアルファの自主練習を欠かしませんでした。その結果、高校生のときには**部員数80名の中からレギュラーを獲得**することができ、地区大会での入賞など、好成績を収められました。

私がサッカーで学んだ一番の教訓は、物事はプラスアルファの努力で差がつくということです。

長所発見自己分析で書き出したことの中から、企画（商品企画）で求められる資質の積極性に関することを選んでアピールの題材にし、志望動機とマッチさせている。

● 内定者の志望動機・自己PR ～⑥企画（商品企画）

エントリーシート・面接でこんなこともアピールした

■ サブ自己PR① アピールポイント 創造力

100点満点のテストで、101点を取ったことがあります

大学のある試験で、本来、100点満点であるのに、教授から特別に101点をつけて頂いたことがあります。この秘密は、私は以下の3点を常に心がけていることにあります。
①完璧な準備
②斬新な発想
③感動の共感
御社の仕事でもお客様から101点、完璧以上の評価を頂けるよう頑張ります。

長所発見自己分析で発見したことの中から、企画（商品企画）で求められる資質の創造力に関することを選んでアピールの題材にし、志望動機とマッチさせている。

■ サブ自己PR② アピールポイント 継続力

アイデアブック500ページ（毎朝コツコツ、スクラップ）

大学のゼミでは、授業のはじめに各自持ち寄った新聞記事をもとにディスカッションをしています。そこで、私は毎朝必ず気になった記事をスクラップしています。
1年間毎日、コツコツスクラップしているうちに、500ページにもなりました。これは、ゼミのディスカッションのみならず、さまざまなことにも活用できる、便利なアイデアブックとしても大変重宝しています。

長所発見自己分析で発見したことの中から、企画（商品企画）で求められる資質の継続力に関することを選んでアピールの題材にし、志望動機とマッチさせている。

第3部　自分の長所を最大限アピールできる志望動機・自己PR実例

229

内定者の志望動機・自己PR

⑦技術（研究・開発）

N大学理工学部 女性Iさん（食品内定）

■志望動機 アピールポイント 専門知識・専門技術力／やりたい仕事

乳製品の研究職を志望（大学では発酵技術の専攻）

大学で学んだ発酵技術の知識と技術を活かして、研究開発部門で乳製品の研究に取り組みたいです。例えば、牛乳豆腐という食べ物の商品化にも大変興味があります。これは実習で北海道の酪農家のところに2週間滞在した際に、できたての牛乳豆腐を食べさせて頂き、そのおいしさに驚いたという経験があるからです。

健康に役立ち、とてもおいしい乳製品が大好きです。御社の商品○○も3年間毎朝食べています。一生懸命頑張りますので、よろしくお願い致します。

専門知識・専門技術力（発酵技術の知識と技術）と、未来設計自己分析で書き出した「乳製品研究の仕事がしたい」という抱負（やりたい仕事）をアピールの題材にしている。また、その企業の商品についても書いて、熱意もアピールしている。

■メイン自己PR アピールポイント 継続力

吹奏楽ソロコンテスト銀賞受賞（7年間、毎日練習を続けています）

私は吹奏楽のクラブに所属し、7年間コツコツ練習を続けています。コンクールに出場し、トランペットのソロコンテストの部門で銀賞を受賞したこともあります。

楽器は「1日休んだら、取り戻すのに3日かかる」と言われ、毎日毎日の継続的な練習が上達の絶対条件です。

私は吹奏楽を通して、「継続は力なり」が身にしみてわかりました。

御社の仕事も毎日コツコツと努力し、結果を出します。

長所発見自己分析で発見したことの中から、志望動機の内容とマッチしたものをアピールの題材にしている。主に継続力のアピールだが、締めくくりの「御社の仕事も毎日コツコツ…」で、仕事に対する心構えもアピールしている。

230

● 内定者の志望動機・自己PR ～⑦技術（研究・開発）

エントリーシート・面接でこんなこともアピールした

■サブ自己PR① <アピールポイント> 向上心／積極性

教授への質問回数 No.1（向上心の塊です）

疑問に思ったことは納得のいくまで、考えたり、調べたりしないと気がすまない性格です。大学1年生のときから、講義後には必ず質問していました。

その結果、最近では教授の方から声をかけてくださり、質問に先回りして答えてくださったり、研究室に招いて学会での最新理論を紹介してくださったりするようになりました。

私は向上心の塊であり、知識の習得には人一倍どん欲です。

長所発見自己分析で発見したことの中から、技術（研究・開発）で求められる資質の向上心や積極性に関することを選んで、アピールの題材にし、志望動機とマッチさせている。

■サブ自己PR② <アピールポイント> 情報収集力／創造力

得意料理は 300 種類（乳製品系は 100 種類作れます）

大学に入ってから一人暮らしを始めましたが、それまで料理をめったに作ったことがなく、作れるメニューは10種類程度でした。しかし、料理本、雑誌、飲食店のメニュー、新聞、口コミなどで日々情報を集めて実践し、今では300種類の料理がつくれます。乳製品を使った料理は100種類作れ、オリジナル料理も30種類ほど考案しました。安さ、手軽さだけでなく、栄養バランスもしっかり考え、毎日作っています。

情報を収集し実践した結果、数多く（300種類、100種類）の料理を作れるようになったという情報収集力と、オリジナル料理を考案している創造力でアピールすることで、研究熱心さを伝えている。

第3部 自分の長所を最大限アピールできる志望動機・自己PR実例

内定者の志望動機・自己PR

⑧サービス（接客・販売）

H大学文学部 女性 S さん（外食内定）

▌志望動機　アピールポイント▶ 店舗見学／やりたい仕事

接客のプロ、店舗経営のプロになる

店に入ったとたん、ホッと心が温まる。居心地の良い椅子、安らぎを感じる音楽と照明、挽き立てのコーヒーの香り。御社の空間づくりとお客様への気配りに、私も大ファンになった1人です。関東圏の30店舗を見学させて頂きましたが、どれ一つとして同じ店はなく、地域に合ったお店づくりをされていることがよくわかりました。いくつかの店舗では、店長が接客の心構えと店舗経営について話してくださり、大変感動しました。御社にて接客のプロ、3年後には店舗経営のプロに石にかじりついてでもなります。

店舗見学のこと、および未来設計自己分析で書き出した「接客のプロ、店舗経営のプロになりたい」というやりたい仕事をアピールの題材にしている。

▌メイン自己PR　アピールポイント▶ 問題認識力

接客サービス No.1！（お客様の不満原因を察知）

アルバイトをしている飲食店で、お客様が記入されるアンケートで、No.1だと思う店員名を書く欄に一番多く名前を書いて頂けました。
この結果が得られたのは、以下の3点を実行していたからだと思います。
①常に笑顔で接客
②お客様の不満原因を察知し、先回り対処
③優先順位を考えて動く

長所発見自己分析で発見したことの中から、サービス（接客）で求められる資質の問題認識力に関することを選んでアピールの題材にし、志望動機とマッチさせている。

● 内定者の志望動機・自己PR 〜⑧サービス（接客・販売）

エントリーシート・面接でこんなこともアピールした

■ サブ自己PR① アピールポイント 協調性

玄関掃除とトイレ掃除でお客様を気持ちよく迎え入れる

私はアルバイトで開店前には必ず玄関の掃除をしています。ほんのわずかなゴミも許しません。また、トイレ掃除も私の得意とするところです。お客様に気持ちよく使っていただくため、開店前、そして、1時間ごとに掃除に入り、すべての便器をピカピカに保ちます。地味な作業ではありますが、接客にはとても大切なことだと思っています。

➡御社の業務においても、どんな地味な仕事にも気を配り、一生懸命取り組みます。

長所発見自己分析で発見したことの中から、志望動機の内容とマッチしたものをアピールの題材にしている。主に協調性（気配り）のアピールだが、「御社の業務においても、どんな…」で、仕事に対する心構えもアピールしている。

■ サブ自己PR② アピールポイント 積極性／体力

インド人とも仲良くなります！（積極的なコミュニケーション）

現在、週2回スポーツクラブに通っていますが、エアロビクスと共に、ヨガクラスも受講しています。私はヨガのついでにインドの言葉も勉強し、インド人インストラクターの方と会話の練習もしています。まだまだうまく話せませんが、人と仲良くなるのは大得意、「勉強用にどうぞ」とインドのステキな装丁の絵本をプレゼントされたことも。言葉は通じなくても心は通じます。どんな相手に対しても、積極的なコミュニケーションが私のモットーです。

長所発見自己分析で発見したことの中から、サービス（接客）で求められる資質の積極性に関することを選んでアピールの題材にし、志望動機とマッチさせている。「週2回スポーツクラブ…」で、さりげなく体力もアピールしている。

第3部 自分の長所を最大限アピールできる志望動機・自己PR実例

内定者の志望動機・自己PR

⑨制作（ディレクター）

K 大学経済学部 女性 M さん（放送内定）

■志望動機　アピールポイント　過去の経験／やりたい仕事

子どもも興味を持って見るニュース番組を作りたい

「フランスの小学校では、政治についてディベートしたりするんだって」。仏文科の友人のこの一言に衝撃を受けました。日本の子どもはそんなことできない。大学生でさえ、そんなディベートには困難を感じてしまう。日本の子どもが政治や経済、国際情勢について当たり前に話せる環境作りには、一番身近であるメディア、テレビが効力を持つと思います。

わかりやすくて、硬い話も面白く見られる工夫がされた番組作りをして、「日本の子どもって、スゴイ」と言わせたいです。

> 友人との会話の内容（過去の経験）を「子どもも興味を持って見るニュース番組」という具体的な番組作り（やりたい仕事）に結びつけて、アピールの題材にしている。

■メイン自己PR　アピールポイント　リーダーシップ力

1,000 人の観客の前でダンス、抜群の団結力で準優勝

学生時代、某テレビ局主催のダンスグランプリに挑戦しました。私はチームを引っ張る立場で半年間努力し、団結力のあるチームを作り上げました。本番では、観客 1,000 人の前で 30 人のメンバーが一つになったダンスができ、準優勝しました。この経験を通して学んだことは次の 3 点です。

①リーダーの責任の重さ

②ほめることの大切さ

③大勢をまとめることの大変さとやりがい

> 長所発見自己分析で発見したことの中から、制作（ディレクター）で求められる資質のリーダーシップに関することを選んでアピールの題材にし、志望動機とマッチさせている。

● 内定者の志望動機・自己PR 〜⑨制作（ディレクター）

> **エントリーシート・面接でこんなこともアピールした**

■ サブ自己PR① アピールポイント 文章力／目標達成力

2日で5,000字のレポート完成（ゼミで文章力を磨く）

大学時代、政治学のゼミに所属していましたが、毎回レポートの提出があり、短時間で文章をまとめる力を磨きました。

あるときは、5,000字以上のレポートを2日で書くことになりましたが、読みやすさ、斬新でわかりやすい内容にこだわりながら、徹夜で期限までに仕上げました。

このレポートは25点満点中24点で、担当教授から大変良くできているというコメントを頂きました。

長所発見自己分析で発見した文章力をアピールの題材にしている。また、2日間で5,000字書き上げるという大きな課題に対する目標達成力もアピールしている。

■ サブ自己PR② アピールポイント 体力／継続力／向上心

河口湖マラソンを3時間半で完走（ねばり強い体力あり）

私は、五輪マラソン・メダリストの有森裕子さんの参加で有名な「河口湖マラソン」に、毎年参加しています。有森さんに負けるな！と自分を叱咤激励し、今回は3時間半で完走し、フィニッシャーズTシャツもゲットしました。来年はさらにタイムを縮めるべく、多摩川の河原を走ってトレーニングしています。

制作の仕事は、非常に体力が要求されると諸先輩方からうかがっておりますが、マラソンで鍛えた（42.195kmを走り抜く）体力で頑張ります。

長所発見自己分析で発見した体力をアピールの題材にしている。また、毎日トレーニングを続ける継続力やさらにタイムを縮めるという向上心もアピールしている。

第3部 自分の長所を最大限アピールできる志望動機・自己PR実例

235

内定者の志望動機・自己PR

⑩情報（SE・プログラマー）

T大学理学部 男性 F さん（IT 内定）

志望動機　アピールポイント　過去の経験／大きな志

人々が安心して暮らせる社会を作りたい（だから御社です！）

私はセキュリティシステムの構築に、ぜひ取り組みたいです。私は大学時代、ある金融機関でアルバイトをしていたのですが、システム上で莫大な金額が秒単位で動く様を見たこと、また、システムトラブルの際に、店舗の社員全員が心配そうに注目する中、SE がテキパキと対処し、無事解決させたようすを見て、現代社会におけるシステムの重要性と、そのセキュリティ面の管理に大変興味を持ちました。

セキュリティシステムの開発で定評ある御社で社会のためにつくしたいです。

アルバイトでの出来事（過去の経験）を、「人々が安心して暮らせる社会を作りたい」という大きな志を結びつけて、アピールの題材にしている。

メイン自己PR　アピールポイント　向上心／問題認識力／継続力

ミスゼロ記録更新中、現在 500 日（細心の注意力で取り組む）

「しっかりしろっ！」・・・怒声が店内に響き渡る。これはアルバイトで初めてお客様の注文を受けた際の出来事です。

商売は信用が命。注文の聞き間違いは信用低下を招く大きな要因の一つです。怒鳴られながら私は「もう絶対間違いはするものかっ！」と心に誓いました。それから 500 日以上アルバイトを続けていますが、ミスゼロ記録更新中です。

「細心の注意力で仕事に取り組む」、これが私の最大のウリです。

長所発見自己分析で発見したことの中から、ミスを二度と起こさないようにする努力（向上心）をアピールの題材としている。また、さまざまなことに注意する問題認識力、それを続ける継続力もアピールしている。

● 内定者の志望動機・自己PR 〜⑩情報（SE・プログラマー）

エントリーシート・面接でこんなこともアピールした

サブ自己PR① アピールポイント 体力／論理的思考力

テニス大会準優勝（頭脳プレイで相手を追い込む）

学生時代はテニスに打ち込んでいました。スプリングトーナメントでシングルス準優勝という成績を収めたこともあります。

テニスを通じて、学んだことは以下の2点です。

①相手の動きを推測し、ロジカルな攻めをする

②最後まで決してあきらめない

➡ 御社でも仕事のトッププレーヤーを目指して、日々頑張ります。

長所発見自己分析で発見したことの中から、情報（SE・プログラマー）で求められる資質の体力と論理的思考力に関することを選んでアピールの題材にし、志望動機とマッチさせている。

サブ自己PR② アピールポイント 向上心／計数感覚

円周率を100ケタ唱えられます（数字に強いです）

小学校のときのことです。そろばん塾の帰り道、友人と円周率がいくつまで唱えられるか競っている間に、いつの間にか100ケタは楽に唱えられるようになりました。そろばん塾が私の原点。計算のスピード、数字に対する記憶力が鍛えられ、以来、大学生になった今でも、私の頭は数字に強いです。

円周率がどこまでも続くように、御社の仕事において、私はどこまでも自ら可能性に挑戦する所存です。よろしくお願い致します。

長所発見自己分析で発見したことの中から、情報（SE・プログラマー）で求められる資質の向上心に関することを選んでアピールの題材にし、志望動機とマッチさせている。また、数字に強いこと（計数感覚）もアピールしている。

第3部 自分の長所を最大限アピールできる志望動機・自己PR実例

COLUMN

世界一の BtoB 企業リスト

　BtoB 企業（企業向けの事業を行う企業）には、高収入、充実した福利厚生、平均勤続年数の長い企業が多くあります。収益力、安定性、社会的信用も抜群です。

　以下の企業は、すべてシェアが世界一または世界首位級の上場企業です。BtoB 企業は、世界的には超優良企業であっても、学生の知名度が低いため、BtoC 企業（消費者向けの事業を行う企業）と比べて受験倍率は高くありません。各地域別（関東、関西、東北、東海、中四国、北海道、九州等）のエリア職の募集、および文系学生向けの事務職の募集をしていることも多いので、採用情報の詳細は各社採用情報ページ等でご確認ください。

企業名	シェアが高い分野	本社所在地
日本光電工業	脳波計	東　京
ディスコ	半導体、電子部品向け切断装置、研削装置、研磨装置	東　京
日本電子	電子顕微鏡	東　京
AGC	ディスプレー・建築・自動車用ガラス	東　京
信越化学工業	半導体シリコンウエハ	東　京
ナブテスコ	産業ロボット用精密減速機	東　京
クラレ	水溶性樹脂ポバール、ガスバリア樹脂エバール	東　京
TPR	シリンダーライナー	東　京
DIC	インク	東　京
ルネサスエレクトロニクス	車載用マイコン	東　京
三井金属鉱業	銅箔	東　京
ユニオンツール	プリント配線板ドリル	東　京
ウシオ電機	産業用ランプ	東　京
巴川製紙所	トナー	東　京
東レ	炭素繊維	東　京
SMC	FA 空圧制御機器	東　京
住友ベークライト	半導体封止材	東　京
東芝テック	POS 等の流通端末	東　京
レゾナック	リチウム電池向け負極材	東　京
東京精密	半導体製造装置ウエハテスト用	東　京
日清紡ホールディングス	ブレーキ摩擦材	東　京
商船三井	船隊規模	東　京
太陽ホールディングス	プリント配線板用の絶縁材インキ	東　京
SUMCO	半導体用シリコンウエハ	東　京
荏原製作所	ポンプ、半導体研磨装置	東　京
藤森工業	偏光板用保護フィルム	東　京
サトーホールディングス	バーコード等の自動認識システム	東　京
日清紡マイクロデバイス	オペアンプ	東　京
フェローテックホールディングス	太陽電池・半導体設備向け真空シール	東　京
古河機械金属	高純度金属ヒ素	東　京
フジクラ	光ファイバケーブル接続用の光融着接続機	東　京
NOK	自動車用オイルシール	東　京
プロテリアル	ネオジム磁石	東　京
長野計器	機械式圧力計	東　京
テセック	個別半導体用テスター	東　京
JUKI	アパレル向け工業用ミシン	東　京
THK	直動案内機器	東　京
ニューフレアテクノロジー	電子ビームマスク描画装置	神奈川
ヤマシンフィルタ	建設機械の油圧回路に用いるフィルター	神奈川
東京応化工業	半導体製造工程で使われるフォトレジスト	神奈川
芝浦メカトロニクス	液晶洗浄装置	神奈川
ソディック	放電加工機	神奈川
千代田化工建設	LNG プラント	神奈川

※社名や事業内容、本社所在地は変更になる場合があります。

企業名	シェアが高い分野	本社所在地
図研	プリント基板 CAD/CAM	神奈川
アイダエンジニアリング	サーボ駆動式プレス機	神奈川
双葉電子工業	自動車インパネ等の蛍光表示管	千 葉
マブチモーター	小型モーター	千 葉
ウェザーニューズ	民間気象情報	千 葉
ワコム	ペン入力のタブレット	埼 玉
ナカニシ	歯科製品	栃 木
マニー	眼科ナイフ	栃 木
ファナック	工作機械用 NC 装置	山 梨
ミネベアミツミ	極小ベアリング	長 野
ミマキエンジニアリング	広告・看板向けインクジェットプリンター	長 野
KOA	固定抵抗器	長 野
日信工業	二輪ブレーキ	長 野
日本精機	二輪計器	新 潟
津田駒工業	ジェットルーム	石 川
浜松ホトニクス	光電子増倍管	静 岡
エフ・シー・シー	二輪車用クラッチ	静 岡
フジミインコーポレーテッド	ウエハ用研磨材	愛 知
MARUWA	通信関連等向けセラミック基板	愛 知
ホシザキ	製氷機	愛 知
日本特殊陶業	スパークプラグ、車載用酸素センサー	愛 知
アイシン	自動変速機	愛 知
大同特殊鋼	特殊鋼	愛 知
日本ガイシ	ガイシ	愛 知
太平洋工業	タイヤバルブ、バルブコア	岐 阜
日本触媒	高吸水性樹脂	大阪・東京
シマノ	変速機、ブレーキ部品などの自転車部品	大 阪
ダイフク	保管・搬送システム	大 阪
扶桑化学工業	リンゴ酸	大 阪
東洋炭素	等方性黒鉛	大 阪
ダイキン工業	エアコン	大 阪
椿本チエイン	自動車エンジン用チェーン	大 阪
東洋紡	エアバックの原糸	大 阪
モリト	服飾資材、金属ホック	大 阪
NTN	ハブベアリング	大 阪
IMV	振動試験装置、計測装置	大 阪
ステラケミファ	電子部品用フッ素高純度薬品	大 阪
ニデック	精密小型モーター	京 都
堀場製作所	エンジン計測器	京 都
村田製作所	セラミックコンデンサー	京 都
京写	片面プリント配線板	京 都
エスケーエレクトロニクス	フォトマスク大型液晶パネル用	京 都
ユーシン精機	プラスチック射出型成形品取り出しロボット	京 都
SCREEN ホールディングス	ウエハ洗浄装置	京 都
アテクト	半導体保護資材	滋 賀
島精機製作所	電子制御横編み機	和歌山
神栄	湿度センサー	兵 庫
大阪チタニウムテクノロジーズ	高品質金属チタン	兵 庫
SEC カーボン	アルミ製錬用電極	兵 庫
帝国電機製作所	無漏洩ポンプ	兵 庫
ハイレックスコーポレーション	自動車用コントロールケーブル	兵 庫
タツモ	液晶カラーフィルター用塗布装置	岡 山
日本セラミック	赤外線センサー	鳥 取
タダノ	建設用クレーン	香 川
ニッポン高度紙工業	アルミ電解コンデンサー用セパレーター	高 知
安川電機	サーボモーター、インバーター	福 岡

著者

坂本直文 さかもと なおふみ

キャリアデザイン研究所代表。大学非常勤講師(就職指導担当)。大学時代から就職コンサルタントを志し、金融、広告、新聞、教育の4業界でビジネススキルを学ぶ。自らの面接官経験と最新の採用情報、広告理論、文章術、コーチング術等を駆使した実践的指導に定評がある。全国の大学や大学生協、新聞社、自治体等と提携し、就職講座を年200回以上開催。立教大学理学部物理学科卒。X(旧ツイッター)とフェイスブックで内定獲得に役立つ情報を発信している。

〈著書〉『内定者はこう書いた! エントリーシート・履歴書・志望動機・自己PR 完全版』『内定者はこう話した! 面接・自己PR・志望動機 完全版』『イッキに内定! 面接&エントリーシート[一問一答]』(高橋書店)、『内定者の書き方がわかる! エントリーシート・自己PR・志望動機完全対策』(大和書房)、『就活テクニック大全』(東洋経済新報社)など

[講義実績] 東京大学、京都大学、大阪大学、神戸大学、金沢大学、千葉大学、岡山大学、山口大学、香川大学、広島大学、高知大学、島根大学、滋賀大学、和歌山大学、福島大学、奈良女子大学、一橋大学、早稲田大学、慶應義塾大学、立教大学、法政大学、明治大学、学習院大学、中央大学、日本大学、関西大学、東京工業大学など80大学以上。 ※主催は大学キャリアセンターまたは大学生協

著者X(旧ツイッター) (就活の最新情報を毎日発信) @SakamotoNaofumi
著者サイト(講義、カウンセリング情報) http://www.gekiteki.net
著者メール(本の感想、講義・取材依頼) sakamoto393939@yahoo.co.jp
著者フェイスブック(内定獲得に役立つコラム、講義) https://www.facebook.com/naofumi.sakamoto.3

編集協力 小柳嘉康・中村好伯(㈱まどか)、松本よしあき、伊藤彩子
デザイン・DTP 北山達也・糀山由美(㈱まどか)
イラスト 関根庸子

内定者はこう選んだ!
業界選び・仕事選び・自己分析・自己PR 完全版

著 者 坂本直文
発行者 高橋秀雄
発行所 株式会社 高橋書店
〒170-6014 東京都豊島区東池袋3-1-1 サンシャイン60 14階
電話 03-5957-7103

©SAKAMOTO Naofumi Printed in Japan

定価はカバーに表示してあります。
本書および本書の付属物の内容を許可なく転載することを禁じます。また、本書および付属物の無断複写(コピー、スキャン、デジタル化等)、複製物の譲渡および配信は著作権法上での例外を除き禁止されています。

本書の内容についてのご質問は「書名、質問事項(ページ、内容)、お客様のご連絡先」を明記のうえ、郵送、FAX、ホームページお問い合わせフォームから小社へお送りください。
回答にはお時間をいただく場合がございます。また、電話によるお問い合わせ、本書の内容を超えたご質問にはお答えできませんので、ご了承ください。本書に関する正誤等の情報は、小社ホームページもご参照ください。

【内容についての問い合わせ先】
書 面 〒170-6014 東京都豊島区東池袋3-1-1 サンシャイン60 14階 高橋書店編集部
FAX 03-5957-7079
メール 小社ホームページお問い合わせフォームから (https://www.takahashishoten.co.jp/)

【不良品についての問い合わせ先】
ページの順序間違い・抜けなど物理的欠陥がございましたら、電話03-5957-7076へお問い合わせください。
ただし、古書店等で購入・入手された商品の交換には一切応じられません。